U0088223

生活

不能
人人滿意
事

能知足心常樂

葉楓 編著

::【前言】::::::::::

一個小和尚問師父：「生命是什麼？」這本是一個深奧的問題，而師父卻不假思索的回答：「生命是活著的！」他原以為會是一大段的解答，師父卻用簡單的六個字回答了。

躺在床上，小和尚感受著每一呼每一吸。久之，只有呼吸而沒有了自己。這個一呼一吸就是活著的，就是生命嗎？生命就是如此。「生命為什麼要活著？我為什麼要活著，生命的實質究竟是什麼，生命的責任究竟是什麼？」

一天，小和尚走進一塊濕地，沒有人工的造作和修飾。當他用目光在草叢中，在蘆葦內，在湖面上，在小島旁仔細搜尋和捕捉大自然中的每一個美點時，無意間，卻在忽起忽落的蜻蜓、運籌帷幄的螳螂、飛翔的水鳥、悠閒的魚兒、細細的蜘蛛網、叢中的野花、微拂的細風、嫩草和蘆葦內的蟲鳴中，發現了一個事實——大自然的樸素、無私、絢麗和多彩。

也許，許多人都不曾不留意，高貴的品質在匆匆的腳步下，在浮躁的身影中被湮沒了，被遺棄了。而這樸素、無私、絢麗和多彩，是否是多少人付出生命而尋找的生命的終極呢？心的本源就是如此嗎？

小和尚被震撼，被感動了！他感覺到一種生命的力量和責任。責任原本是自然的產物，天地間每一個生命自然的履行這個責任，如此大地才能絢麗，宇宙才能多姿。

人，是否也記得有這樣一份責任？無論是有情還是無情，無論是人類還是他類，其實都是以天然的本性在默默地承擔著自己的責任，只是這個天然的本性被障蔽的時候，責任的承擔也就被迴避了，因此，生命的價值就萎縮了。

「生命是活著的！」多麼實在的一句話，這些「活著的」生命應該怎樣默默的承擔起妝扮世界、利益人間的責任呢？責任是一種力量，只有承擔起責任時，生命才有活力！

目錄

CHAPTER 1

守住一顆寧靜的心

HAPPINESS consists in contentment

目錄

CHAPTER 2 知恩圖報的態度

HAPPINESS consists in contentment

生活
不能
人人滿意
事
能知足心
常樂

CHAPTER 1

守住一顆寧靜的心

HAPPINESS consists in contentmen

讓自己擁有一顆平淡的心，不為那些閃閃發光的誘惑所動搖，讓自己擁有一顆寧靜的心，不讓那些引誘你犯罪的事情觸及心靈。

有這樣一句話「守住一顆寧靜的心，你便可以不斷超越，不斷向自我挑戰，即使遠方是永遠的遠方，也會誕生一種東西——奇蹟。」是的，許多時候，就是由於我們內心存有太多的欲望，而不自覺地陷入誘惑中不能自拔。

找到自己的佛性

有一次，溈山靈佑禪師在百丈禪師身旁，百丈禪師問道：「是誰？」

溈山禪師答道：「靈佑。」

百丈禪師道：「你撥一撥火爐中，看看還有火沒有？」

溈山禪師在爐中撥了撥，回答道：「無火。」

百丈禪師親自站起來，走到爐邊，用火鉗在爐中深深一撥，撥出一點火星，取出來給溈山看，然後說道：「你說無火，這個不是火嗎？」

溈山靈佑禪師說道：「我知道是有，只是未能深深一撥。」

百丈禪師道：「這只是暫時的歧路，經典上說，要了悟佛性，當觀時節因緣，時節因緣一到，如迷忽悟，如忘忽憶，那時才知道自己本來一切具足，不是從外而獲得的。所以，祖師說：悟境同未悟，無心如有心。凡聖虛妄，本來心法，原自備足。你現在已經如此，好好保護並把握它吧！」

第二天，溈山禪師隨同百丈禪師入山出坡（勞動服務），百丈禪師問溈山道：「火種帶來了嗎？」

溈山禪師答道：「帶來了。」

百丈禪師追問道：「在什麼地方？」

溈山禪師撿起一枝柴，吹了兩下，然後交給百丈禪師。百丈禪師歡喜地說道：「如蟲禦木，偶爾成文。」

知足心常樂

「火種」，代表了什麼？暗示了什麼？此即所謂佛性也。百丈禪師要溈山到爐中撥火，此即暗示他要找到自己的佛性。

找到佛性本心，談何容易？百丈禪師不得不親自示範，要深深一撥，自性才能現前。甚至師徒在山坡時，都在策勵生活中不要忘記自性，一句「火種帶來了嗎？」這裡面蘊含著多少慈悲、多少智慧、多少生活禪啊！

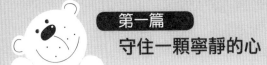

凡夫俗子的心境常被外境所動

有一次，佛陀和弟子阿難走在路上，佛陀忽然說：「阿難，有毒蛇啊！」阿難以為真的有毒蛇，探頭一看，原來是一堆閃亮白銀，但是阿難也回答：「是的，世尊，是毒蛇！」兩人視若無睹的走過去了。

後面有一對父子，聽見佛陀說：「毒蛇！」阿難也回說：「毒蛇！」他們起了好奇心，於是也探頭去看個究竟——「哇！哪裡是毒蛇？是一饔銀光閃閃的白銀啊！」這對父子動了心，父親告訴兒子：「趕快把它搬回家，我們發財了！」於是父子倆高興的把白銀運回家，並且拿到市集去使用。

原來，這些白銀是竊賊從國庫偷出來的，他們暫時藏起銀子，想避過風頭後再拿出來處理，沒想到佛陀和阿難經過該處發現了，又被跟在後頭的那對父子取走。

在城裡，官府已貼出通緝令，要捉拿竊賊。

國庫的白銀上面一定都會印上「國銀」二字，那對父子把白銀拿到市集使用時，就被認為是偷國庫的重犯，因此被逮捕了，甚至被判處死刑押赴刑場。當這對父子即將被處決時，父親非常慨歎的向兒子說：「兒啊，真的是毒蛇，我們現在已經被毒蛇咬了！」

執刑的人聽到他們的話覺得奇怪，於是報告國王，國王覺得這些話的寓意很深，絕非一般莊稼人能想得出來的，因此就傳令押回，親自審問之後，才知道整個案情經過。國王明白了他們只是撿拾者而非竊盜犯，就赦免了那對父子。

所謂動心與不動心，就看我們是否起貪念。看到好處而能不動心，對凡夫來說真的是很困難，像那對父子，看到一大甕白銀怎能不動心？而佛陀和阿難看了卻當它是毒蛇，不但不動心，而且還避得遠遠的，這就是凡聖之別啊！

凡夫俗子的心境常被外境所動，被現象的變化牽引得團團轉而落入苦難之中。學佛主要就在調伏自心，使心能自主，來去自如。心為什麼會被利益所轉？簡單的說是因為貪念作祟——貪色的人沉溺於男女色欲，輕者引來家庭不和，重者因而家破人亡。貪財的人著迷於金錢追求，輕者引發內心煩惱，重者導致精神失常，甚至傾家蕩產——經常有許多人因為簽賭六合彩、炒作股票等，在不堪金錢損失或心理壓力過大的情況下，造成種種悲劇。

知足心常樂

俗話說：「色不迷人，人自迷；財不害人，人自害。」一個有智慧的人，會把財、色、名、利等誘惑看得較為淡泊。難得生於人間，難得擁有人身，就應該好好發揮身體功能，造福大眾，散播清淨大愛，利益人群，此即菩薩的智能，佛陀的本懷啊！

為眾生煩惱

有一次趙州從諗禪師提起一句禪語道：「佛是煩惱，煩惱是佛。」

學僧不解，因而紛紛要求趙州解釋。

學僧們問道：「不知佛在為誰煩惱？」

趙州從諗回答道：「為一切眾生煩惱！」

學僧再進一步問道：「如何可以免除這些煩惱呢？」

趙州從諗嚴肅的責問學僧道：「免除煩惱做什麼？」

又有一次趙州從諗禪師看到弟子文偃在禮佛，便用拄杖打了一下，問道：「你在做什麼？」

文偃答道：「禮佛。」

趙州從諗斥責道：「佛是用來禮的嗎？」

文偃道：「禮佛也是好事。」

從諗道：「好事不如無事。」

知足心常樂

煩惱是病，佛道也是病，佛菩薩是真有病嗎？不是的！佛菩薩是為一切眾生而病。佛陀降誕娑婆，觀音行化苦海，地藏菩薩地獄不空誓不成佛，所以佛菩薩悲湣眾生，免除眾生的煩惱，是為了什麼呢？禮佛雖是好事，但卻莫執著此「好事」——功德，無事才是真正的好事。

認識當下的自我

日本真觀禪師，最初研究天臺教義六年，後來改習禪學七年，為了尋師訪道，以期明心見性，找到自己本來面目，又負笈中國各名山叢林，參話頭，習禪定，又經歷十二年之久。

二十多年後，他終於在禪門中認識了自我，因此束裝返國，在東都、奈良等地弘揚禪法。各地學者，蜂擁而來參禪求道，大家都爭相問一些困難的問題，求他解答。那些問題包括：

一、什麼是吾人自己的本來面目？

二、達摩祖師西來大意是什麼？

三、人問趙州狗子有無佛性，趙州時而說有時而說無，究竟是有是無？

問題雖多，真觀禪師總是閉著眼睛，不予回答。有人也知道真觀禪師不願和人議論禪門故事，大家對故事禪搬來說去，並不能得到真正的受用。

一天，有一位五十餘歲的天臺學者道文法師，研究天臺教義三十餘年，慕名而來，非常誠懇地問道：「我自幼研習天臺法華思想，有一個問題始終不能瞭解。」

真觀禪師非常爽朗地答道：「天臺法華的思想博大精深，圓融無礙，應該問題很多，而你只有一個問題不解，不知是什麼問題？」

道文法師問道：「法華經說：『情與無情，同圓種智』，這意義就是認為樹木花草皆能成佛，請問：花草成佛真有可能嗎？」

真觀禪師不答反問：「三十年來，你掛念花草樹木能否成佛，對你有何益處？你應該關心的是你自己如何成佛？你要作如是想才對。」

道文法師先是訝異，然後道：「我沒有這樣想過，那請問我自己如何成佛？」

真觀禪師道：「你說只有一個問題問我，第二個問題就要你自己去解決了。」

知足心常樂

花草樹木能不能成佛？這不是一個重要問題，因為大地山河，花草樹木，一切宇宙萬物，都是從我們自性中流出，只要我們成佛，當然一切草木都跟著成佛，不探討根本，只尋枝末，怎能進入禪道？

禪，要我們當下認識自我，不要去攀緣其他。

女僕與公羊的戰爭

從前，在遙遠的小村莊裡，住著一位主人、他的女僕，以及一頭公羊。寧謐如田園詩般的鄉間生活，卻被一個小事件給破壞了。

事件的起因十分稀鬆平常：「麥豆」。

勤儉認真的女僕，時常聽從主人的吩咐，熬煮一鍋麥豆，但那頭率性機靈的公羊，卻常趁著四下無人時偷吃。不明就裡的主人，發現麥豆消耗速度太快，所以常對女僕大動肝火。幾次惡性循環下來，一肚子委屈的女僕，對公羊的厭惡與懷疑與日俱增。

從此以後，女僕只要一見到公羊的身影，就揮舞木棒，不由分說的直追猛打，公羊為了防衛自己，也使勁揮動頭上的羊角反守為攻。主人家中日日上演人羊大戰，火藥味一天比一天濃厚。

這天，女僕忙著生火熬麥豆，雙手只拿著略帶火星的火種。公羊眼見女僕手上沒拿木棒，機不可失，低頭以角對準女僕飛奔突襲。一路碰撞後退、驚慌失措的女僕，情急之下將火上的火種全撒在羊背上。

星星之火，接觸到乾燥易燃的羊毛，沿著纖維緩緩蔓延，發出細微的聲響，燃起細小的焦煙，終於爆發出火苗。燥熱與痛楚，驅使心煩意亂的公羊，拔腿向屋外狂奔。牠足跡所至，不論村莊、山間、田野……盡成熊熊火海，鄰山居住的五百隻獼猴，亦來不及避難而葬身火海中。

天神們看見原本清淨秀麗的鄉村，一夕間焦骸遍野、面目全非，不禁感慨萬千：「嗔恨鬥爭，不應該執取、固守不放，否則就會像女僕和公羊一樣，怨恨衝突不休，怒火所及，讓村人、獼猴都一起喪失了寶貴的生命！」

知足心常樂

現代社會生活繁忙，人人倍感壓力，與人相處常常為了小事便起嗔心，不是怒目相視，便是口出不遜。儘管事後慚愧懺悔，一旦境界現前，依舊作不了主，怒氣衝天，好像陷入嗔火地獄，慚愧極了。其實用心觀察，生活周遭仍然有許多善知識令人見賢思齊，他們不輕易發怒或造口業，表面上看起來大智若愚，不善論辯，或許也沒學佛，但是他們能忍堪忍的精神，值得我們學習。更何況學佛之人，知因識果，當作眾生的榜樣，時時提醒自己，謹言慎行，學習菩薩以愛語、柔軟語，與眾生廣結善緣。

掌握說話的時機

舍衛城內的大長者家，近來喜氣洋洋，好事連連：長者的商隊入海尋寶滿載而歸；國王封賜土地；夫妻喜獲麟兒；而且恰逢比丘僧前來應供。

比丘用齋畢，上座長老舍利弗如法祝願功德主，高聲唱誦道：

今日良時得好報，財利樂事一切集。

踴躍歡喜心快樂，信心踴發念十力。

如似今日後常然。長者聽舍利弗誦出如此吉祥的偈子，歡歡喜喜供養了兩張上等毛氈。一旁的摩訶羅瞧著羨慕不已，回到寺裡就哀求舍利弗把咒偈教給他。舍利弗表示，這咒願不能常用，也不見得適用於任何場合；但摩訶羅執意要學，舍利弗只好傳授給他。學了咒偈，摩訶羅每天勤加練習，準備一旦輪到自己擔任上座時，立刻派上用場。

很快地，機會來了。大長者連逢禍事——商隊遇難失寶，妻子被捲入訴訟；兒子意外身亡，哀痛不已的長者齋僧以消災植福。這時，身為上座的摩訶羅如法炮製，誦出學來的咒偈。結果，悲憤交加的長者大受刺激，不但沒有供養，還連罵帶打將摩訶羅趕出宅門。

頹喪懊惱的摩訶羅，不知不覺走入胡麻地，一路踐踏，滿園狼藉。看守的人見狀不由分說，揮鞭就打。摩訶羅拔腿飛跑，撞上麥田裡一隴隴的麥屯（割麥之後積聚如小丘狀的麥堆），以逆時針方向繞行而過，氣喘如牛。說時遲那時快，麥田主人棒棍如雨點般，紛紛落在摩訶羅早已烏青黑紫的皮肉上。原來，此地風俗，應該順時針繞行麥屯，並口誦：「多多益善！」才能祈求年年豐收。麥田主人訓斥一番，放走了摩訶羅。

遠遠的，一行送葬的隊伍緩緩迎面而來。「多多益善！」摩訶羅咬著牙、忍著痛以順時針方向繞棺。下場可想而知，喪主又哭又罵，捉住摩訶羅拳打腳踢，強迫他說：「希望再也不要發生這種不幸，真令人同情！」

全身傷痕累累的摩訶羅一心趕路，只想趕快回到寺院，見到前面一行迎娶的隊伍，不分青紅皂白就依樣畫葫蘆：「希望再也不要發生這種不幸，真令人同情！」新郎一聽火冒三丈，打得摩訶羅頭破血流，落荒而逃。不料一腳踩上獵人的陷阱，驚散了獵物。獵人嗔心一起，又痛打摩訶羅，警告他應該靜悄悄地匍匐前進。

「那麼只好爬行了。」為脫險境，摩訶羅已經六神無主，竟爬到婦人洗衣服的地方，被誤認作偷衣賊，結果又是一場狂打，十分淒慘。

鼻青臉腫的摩訶羅，在接二連三的磨難後，跌跌撞撞地回到寺裡，終日煩惱憂愁，心想：「都是舍利弗教的偈子惹的禍。」比丘們憐憫他，將他扶到佛陀身邊，詳細報告事情的始末。

佛陀慈祥地安慰身心受創的摩訶羅：「如果想說法咒願，應該細心觀察因緣時節，合適的才說出口。好好用功，勤修佈施、持戒、忍辱、精進、禪定、智能。表現憂悲喜樂要視時機恰不恰當，以後別再輕率說話了。」

知足心常樂

想要成就人生的夢想、圓滿學業事業道業，一方面要靠學習和積累經驗，一方面要有洞悉真相的智慧。善用學習而非誤用或濫用，善用語言而非損人害己，以清楚明白、處處做主的心仔細觀察，就能夠切合實際需要來做智慧的揀擇、慈悲的決策。

說話不但是一門心靈藝術，無量無邊的法門亦然。護念自心、也護念他心，則喜怒哀樂的表現和文詞語彙的傳遞，處處都能利人益己。

珍惜難得而已得的機遇

《法句經・述佛品》中寫道：「**得生人道難，生壽亦難得；世間有佛難，佛法難得聞。**」此偈是說：生而為人不容易，做人而長壽也不簡單；生於世間能遇到佛很難，遇到佛又能聽聞佛法則更難。如果這麼多的難得而得，正好都加在一起，實在很幸運了。這是勉勵我們，應當珍惜難得而已得的機遇，否則，稍縱即逝，追悔莫及。這四句話強調人身可貴，壽命無價，有佛難遇，佛智難得。

有人認為生命或生存是一種無奈或折磨；也有人主張應當盡情冶遊享樂。這兩種人的人生態度，一是厭世、一是玩世，都不好。人的生命就是一項福報，若能得到健康的身軀，且能活過一段較長的時間，實在是幸福的事。

佛看一切動物都有佛性，都是現在的眾生、未來的諸佛。但在一切眾生之中，唯有人的身心，可以作為修道的器具，其他眾生都不具備修福修慧的條件。唯有人類，有禍有福，有苦有樂。

災難及苦難的磨煉，所以引起危機感，生起警惕心，改過遷善、悛惡向善之心也由此而起。因此，人比其他類別的眾生幸運得多。既已獲得人身，便要好好的運用。

得生為人而又有長壽，也很難得，長壽即是福，不是用來享福，而當用來培福種福，可比短命的人多積福德，多長智慧，自利利他的機會也相對增加，因此更要以感恩之心來珍惜自己的壽命。

世間要有佛出現很難，釋迦牟尼佛住世，已是二千五百年前的事，幸好他留下了佛經，讓我們依舊有佛法可用；但這也不容易，即使有不少人不遺餘力的弘揚佛法，世界上能聽到佛法又願意接受佛法的人仍然不多。有人信了佛但並不瞭解佛法，不能如法修行，無法以佛法解決煩惱，也無法用佛法幫助別人處理問題。

知足心常樂

這個偈子是要我們珍重且充分地善用人生，來成長、充實、奉獻自己，用佛法的觀念和方法來淨化自己和淨化人間，才不辜負生而為人的此一人生。人身可貴，壽命無價，有佛難遇，佛智難得。我們要珍重且充分的善用人生，來成長、充實、奉獻自己……

一切都要重新來過

臨濟禪師將圓寂時，曾開示弟子道：「我入滅後，你們不可將正法眼藏也隨著滅卻。」

座中三聖惠然禪師聽後說道：「身為弟子的我們，怎敢將老師的正法眼藏滅卻呢？」

臨濟禪師問道：「那麼，假如有人問起：道，是什麼？你們要如何回答？」

惠然禪師馬上就學著臨濟禪師一向教導學人的方法，高聲大喝！

臨濟禪師非常不以為然的說道：「誰能想像，我的正法眼藏，以後卻在這些大喝一聲的人處滅卻，說來真叫人傷心。」說完，就坐在法座上端然而寂，時為唐咸通七年。

臨濟禪師入滅後，惠然禪師非常不解的說道：「老師平時對來訪者都大喝一聲，為什麼我們就不能學著老師也大喝一聲呢？」

臨濟禪師忽然又活回來：「我吃飯你們不能當飽，我死你們不能代替。」

惠然禪師急忙跪叩說道：「老師！請原諒，請住世給我們多多指導。」

臨濟禪師大喝一聲，說道：「我才不給你們模仿！」說後，臨濟禪師真的就入滅了。

知足心常樂

禪者最不喜歡人模仿，所謂依樣畫葫蘆，終究不像原樣。黃檗禪師的棒、臨濟禪師的喝、趙州禪師的茶、雲門禪師的餅，各家接待學人有各家的家風，不是依樣可學。禪者要能「上無片瓦蓋頭，下無寸土立足。」一切都要自家重新來過。

人生五味

過去有一個傳說：閻羅王要一個人到世間來投胎，只給他三十歲的壽命。這個人嫌三十歲太少，就跟牛要了十五年，於是可以活到四十五歲；可是他還是不滿足，又向狗要了十五年，一下子增加到六十歲了，他仍然覺得不夠，又再跟猴子要了十五年，總共是七十五歲。

在這七十五年的歲月裡，三十歲之前是人的歲月，所以可以過著幸福美滿的生活。三十歲到四十五歲之間，每天為家人兒女辛苦忙碌，真是像牛馬一樣的生活。

四十五至六十歲時，兒女到外鄉去工作，獨留父母守在家裡，倚門盼望兒女的歸來，經常吃孫兒剩餘的飯菜，過著如狗一樣的生活。

六十歲到七十五歲是猴子的生活，人近七十，像風中殘燭，隨時會油盡燈枯，這時就像山中的猴子，害怕獵人隨時會帶著「無常」的弓箭射中他。因此，「人」實在是很可憐！人生真是五味雜陳：

第一，童年的時候是美味——童年的時候，有父母呵護寵愛，要吃有得吃、要穿得有穿，是美味的人生。

第二，青年的時候是甘味——青年的時候，交朋友、談戀愛，前途充滿著無限的理想、希望，是甘味的人生。

第三，中年的時候是苦味——到了中年，每天為兒女、為家人作牛馬，在外奔波辛勞，這時是苦味的人生。

第四，老年的時候是澀味——到了老年，兒女像鳥兒一樣振翅高飛，自己健康也一日不如一日了。眼睛看也看不清楚，耳朵聽也聽不清楚，口中吃也吃不出甘味，所以老年的歲月都是澀味。

第五，修行的時候是禪味——一個人假如從青少年起就懂得學道，學禪，那麼經過青年、中年、老年。都會有禪味，就算眼睛閉起來，不看不聽，心中的世界還是一樣甘美無比。

所以，人生的五味是：美味、甘味、苦味、澀味、禪味，希望大家都能過著禪味的人生！

知足心常樂

人生真是五味雜陳：童年的時候是美味，青年的時候是甘味，中年的時候是苦味，老年的時候是澀味，修行的時候是禪味。

弘一大師的佛家生活

由藝術家入佛的弘一大師，把佛道修行和藝術生活結合起來，更見出他的人生境界。有一天，名教育家夏丏尊先生前來拜訪，吃飯時，只見他吃一道鹹菜，夏先生不忍心地說：「難道你不嫌這鹹菜太鹹嗎？」

弘一大師回答說：「鹹有鹹的味道。」

過一會兒，弘一大師吃完後，手裡端著一杯開水，夏先生又皺皺眉頭道：「沒有茶葉嗎？怎麼每天都喝這平淡的開水？」

弘一大師又笑一笑說：「開水雖淡，但淡也有淡的味道。」

知足心常樂

弘一大師的「鹹有鹹的味道，淡有淡的味道。」這是一句多麼富有佛法禪味的話啊！弘一大師把佛法應用在他的日常生活中，他的人生，無處不是味道。一條毛巾用了三年，已經破了，他說還可以使用；住在小旅館裡臭蟲爬來爬去，訪客嫌惡，他說只有幾隻而已。可說是真正體會了「隨遇而安」的生活。

保持心靈的自在與安詳

從前有一個叫做伊利沙的人，擁有萬貫家財，富可敵國。但是他的個性卻生來慳吝苛刻，自己吃的是粗茶淡飯，穿的是破爛衣服，緊緊的守著財富不放。

伊利沙的隔壁住了一位老公公，雖然他的家產沒有伊利沙那麼富有，但是幾乎每天都迎賓宴客、大魚大肉的過日子，總是有往來不斷的人潮在他家中出入。伊利沙看到隔壁老公公家每天都這麼熱鬧快活，心裡很不是滋味。自己心中想道：「我比這個老公公富有多了，可是他每天都過著王侯一般的生活，飲酒作樂，我也要過過癮。」於是伊利沙便趁著家中沒有其他人的時候，請廚師做了自己愛吃的菜，打包好之後，上了車，吩咐車夫往郊外開去，準備自己享用這些美味的飯菜，大飽口福一番。

忉利天主帝釋早就知道伊利沙的為人，覺得他實在是昏昧無知，希望能夠改變他的想法，所以就在伊利沙外出享受的這一天，化現為一條狗，到了伊利沙的身邊，不停的搖著尾巴，想討點食物吃。

伊利沙當時正吃得津津有味，根本無視這條狗的存在，同時也捨不得將自己的佳餚分給這隻不起眼的狗。於是，這隻狗索性就賴著不走，咬著伊利沙的衣角不放。

伊利沙受不了，就故意刁難那隻狗：「如果你能夠四腳朝天，將身體停留在半空中，我就分給你吃！」

話未說完，帝釋化成的狗已騰空而起，伊利沙大吃一驚，只得在盤中夾了一塊最小的肉。話雖如此，但是伊利沙的心中仍有不甘，便又向狗說道：「這塊肉我先幫你保管著，如果你能夠讓兩個眼珠掉下來，我就再給你兩塊肉。」話剛說完，只見這隻狗的兩顆眼珠就「啪！啪！」的掉在地上。伊利沙見狀心喜，以為這隻狗瞎了，於是便趁著這時候，拎著他的食物到另外一個地方歡喜的吃了起來。

天神化作的狗看著伊利沙走遠，心中便生出一計，化成伊利沙的模樣，乘著他的車子到了伊利沙的家。天神一進門就吩咐守門人：「今晚將有人冒充成我的樣子來此，如果見到，一定要將他趕走，不能讓他進門！」接著，又下令將伊利沙所有的財產佈施給窮人。

話說伊利沙好不容易步行回到家後，敲了門，卻被守門人毒打一頓，傷痕累累的他，無意間聽到路人議論紛紛，讚歎自己能行大佈施，將所有的財產都濟助窮人。起初伊利沙心裡先是一陣愕然，然後才明白原來是自己的財產被騙子花光，就開始大哭了起來，無法接受自己在一夕之間家財散盡的打擊。這時，天神又化作一位僧人，走到伊利沙的面前，雙手合掌，問道：「大德，您為何坐在街頭哭泣？」伊利沙回答：「我辛苦了數十年的積蓄，卻在今天一夕之間被騙得精光，我現在什麼都沒有了。」

僧人說：「大德，恕我直言，錢財本來就是身外之物，錢財多了反而會帶來煩惱和禍害。像你這樣拼命的累積財富，不但自己捨不得過好日子，又不知修福積善、救濟佈施，慳貪不拔，往生後將感得餓鬼的果報，經常缺乏衣食，若餓鬼報盡，投胎為人，就會貧困卑賤。大德，錢財本為身外之物，一旦面臨水災、火災、盜賊、不肖子、貪官污吏等無常的到來，任憑誰也無法留住錢財。」

於是，天神便為其解說四諦、無常苦空的道理，伊利沙聽了心開意解，從此以後一改舊習，樂善好施，人生也更加光明自在了。

知足心常樂

每個人在一生中總有許許多多的捨不得，如錢財、親眷、事業、功名……執著這些生命的附屬品，成為五欲所支配的奴隸，用盡心機計較籌量，忙忙碌碌一生，到頭來卻一無所獲。一個人的快樂並非決定於外在的事物上；當我們有正確而光明的思想，懂得知足常樂與感恩，相信無論順境、逆境，都能保持心靈的自在安詳，這才是人生的最大快樂。

一生萬法，萬法歸一

龍潭崇信禪師湖南人氏，未出家前非常窮困，在天皇道悟禪師寺旁，擺一個賣餅的攤子，連一個住所也沒有。道悟禪師憐他窮苦，就將寺中一間小屋給他居住。崇信為了感恩，每天送十個餅給道悟禪師。道悟禪師收下以後，每次總叫侍者拿一個還給崇信，有一天，崇信終於向道悟禪師抗議道：「餅是我送給你的，你為何每天還我一個，這是什麼意思？」

天皇道悟禪師溫和的解釋道：「你能每天送我十個，為什麼我不能每天還你一個？」

崇信不服氣的抗辯道：「我既能送你十個，會在乎你還我一個嗎？」

道悟禪師哈哈笑道：「一個你還嫌少嗎？十個我都沒有嫌多，一個你還嫌少？」

崇信聽後，似有所悟，便決心請求道悟禪師為其剃度，准他出家。

道悟禪師說道：「一生十，十生百，乃至能生千萬，諸法皆從一而生。」

崇信自信地應道：「一生萬法，萬法皆一。」

道悟禪師為其剃度，後在龍潭結庵居住，世稱龍潭崇信禪師。

知足心常樂

這一段故事，完全表現的是自他一體，能所不二的禪心。天皇道悟禪師的房子，要讓給龍潭崇信禪師去住，這表示我的就是你的；龍潭崇信禪師的燒餅，天皇道悟禪師收下以後，又再還一個給龍潭崇信禪師，這表示你的就是我的。當然，那時天皇道悟禪師的苦心，不是一個賣餅的俗人所知，但經常如此，終於觸動崇信的靈機，從參究這個疑惑，到直接的抗辯論爭，龍潭崇信終於覺悟到多少不二，你我不二，心物不二，有無不二，原來宇宙萬物，千差萬別，皆一禪心也。

一切都要靠自己

道謙禪師與好友宗圓結伴參訪行腳，途中宗圓因不堪跋山涉水的疲困，因此幾次三番的鬧著要回去。

道謙就安慰著說：「我們已發心出來參學，而且也走了這麼遠的路，現在半途放棄回去，實在可惜。這樣吧，從現在起，一路上如果可以替你做的事，我一定為你代勞，但只有五件事我幫不上忙。」

宗圓問道：「哪五件事呢？」

道謙非常自然的說道：「穿衣、吃飯、屙屎、撒尿、走路。」

聽了道謙的話，宗圓終於言下大悟，從此再也不敢說辛苦了。

知足心常樂

諺語說：「黃金隨著潮水流來，你也應該早起把它撈起來！」世間上沒有不勞而獲的成就，萬丈高樓從地起，萬里路程一步始，生死煩惱，別人絲毫不能代替分毫，一切都要靠自己啊！

讓內心的光燃起來

德山禪師本是北方講經說法的大師，因不滿南方禪門教外別傳的說法，攜帶自著的「金剛經青龍疏鈔」南來抗辯，才到南方就受到一位老婆婆的奚落，自此收斂起狂傲的心。他並請問老婆婆，近處有什麼宗師可以前去參訪？老婆婆告訴他在五里外，有一位龍潭禪師，非常了得。

德山禪師到了龍潭，一見龍潭禪師就迫不及待的問道：「這是什麼地方？」

龍潭禪師回答道：「龍潭。」

德山禪師逼問道：「既名龍潭，我在此巡迴既不見龍，又不見潭，這是何故？」

龍潭禪師就直截了當的告訴德山禪師道：「你非常辛苦，你已到了龍潭。」

這天夜裡，德山向龍潭禪師請益，站在龍潭禪師座前久久不去，龍潭禪師說道：「夜已很深，你為何還不下去。」

德山道過晚安，告辭回去，走到門口，又再回來，說道：「外面實在太暗，學生初到，不知方向。」

龍潭禪師就點燃了一支蠟燭給他，正當德山伸手來接時，龍潭禪師就把燭吹滅，德山到此忽然大悟，立刻跪下來，向龍潭禪師頂禮，龍潭禪師問道：「你見到了什麼？」

德山禪師回答道：「從今以後，我對天下所有禪師的舌頭，都不會再有所懷疑了。」

第二天，德山禪師遂將疏鈔取出焚燒，當火焰上升時，他道：「窮諸玄辯，若一毫致於太虛，竭世樞機，似一滴投於巨壑。」

知足心常樂

夜晚，是黑暗的，點了燭火又再吹滅，這意味著外在的光亮熄滅以後，內心的禪光就會亮起來了，這個禪光，看清楚了真我，所謂語言文字，分別意識都是大海一滴了。

做退後一步的準備

龍虎寺禪院中的學僧正在寺前的圍牆上，臨摹一幅龍爭虎鬥的畫像，圖中龍在雲端盤旋將下，虎踞山頭，作勢欲撲，雖然修改多次，卻總認為其中動態不足，適巧無德禪師從外面回來，學僧就請禪師評鑒一下。

無德禪師看後說道：「龍和虎的外形畫得不壞，但龍與虎的特性你們知道多少？現在應該要明白的是龍在攻擊之前，頭必須向後退縮；虎要上撲時，頭必然自下壓低。龍頸向後的屈度愈大，虎頭愈貼近地面，他們也就能衝得更快、跳得更高。」

學僧們非常歡喜的受教道：「老師真是一語道破，我們不僅將龍頭畫得太向前，虎頭也太高了，怪不得總覺得動態不足。」

無德禪師藉機說教道：「為人處世，參禪修道的道理也一樣，退一步的準備之後，才能衝得更遠，謙卑的反省之後才能爬得更高。」

學僧不解似的道：「老師，退步的人怎能向前？謙卑的人怎能更高？」

無德禪師嚴肅的說道：「你們且聽我的禪詩──『手把青秧插滿田，低頭便見水中天；身心清淨方為道，退步原來是向前。』諸仁者能會意嗎？」

諸學僧至此均能省矣。

知足心常樂

禪者的人格，有自尊的一面，他們有時頂天立地，孤傲不群，有如龍抬頭虎相撲；但有時也非常自謙，有如龍退縮，虎低頭。這正說明了當進則進，當退則退；當高則高，當低則低。所謂進退有據，高低有時也。龍為獸中之靈，虎為獸中之王，禪者乃人中之賢，以退為進，以謙為尚，不亦宜乎？

天堂地獄只在一念之間

金山曇穎禪師，浙江人，俗姓丘，號達觀，十三歲皈投到龍興寺出家，十八歲時遊京師，住在李端願太尉花園裡。有一天，太尉問他道：「請問禪師，人們常說的地獄，畢竟是有呢？亦是無呢？」

曇穎禪師回答道：「諸佛如來說法，向無中說有，如眼見空華，是有還無；太尉現在向有中覓無，手揞河水，是無中現有，實在堪笑。如人眼前見牢獄，為何不心內見天堂？忻怖在心，天堂地獄都在一念之間，善惡皆能成境，太尉但了自心，自然無惑。」

太尉：「心如何了？」

曇穎：「善惡都莫思量。」

太尉：「不思量後，心歸何所？」

曇穎：「心歸無所，如金剛經云：應無所住，而生其心。」

太尉：「人若死時，歸於何處？」

曇穎：「未知生，焉知死？」

太尉：「生則我早已知曉。」

曇穎：「請道一句，生從何來？」

太尉正沉思時，曇穎禪師用手直搗其胸曰：「只在這裡思量個什麼？」

太尉：「明白了，只知貪程，不覺蹉跎。」

曇穎：「百年一夢。」

太尉李端願當下有悟，而說偈曰：「三十八歲，懵然無知。及其有知，何異無知？滔滔汴水，隱隱惰堤。師其歸矣，箭浪東馳。」

知足心常樂

生從何來？死往何去？這是一般人經常想到的問題，甚至不少人都在探究的問題，但都沒有人揭破這個謎底。釋迦牟尼佛和歷代禪師們道出了原委，又不易為人瞭解。

生命有隔陰之謎，意即換了身體就不知過去一切，故千古以來，生命之源，一直眾說紛紜，莫衷一是。其實生命的形象雖千差萬別，而生命的理性則一切平等，佛教的緣起性空、三法印、業識、因果等的義理能通達明白，則生從何來？死去何處？即不問可知了。

信念堅定的須賴

佛陀住世時，舍衛城中住著一位赤貧如洗的佛弟子，名叫須賴。須賴雖然貧窮潦倒，卻十分深信佛陀所開示的教理，因此絲毫不把貧苦放在心上，日日寡欲知足，修持梵行，並且時常到僧團當中聆聽教義，恭敬的供養禮拜佛陀。

須賴堅苦卓絕、一心向道的願行，使他善名遠播，許多人常跟隨著他到精舍禮佛、聽法，就連忉利天主釋提桓因也知道了他的修行，不禁憂心的想著：「世間居然有這麼一位罕見的行者，假若他繼續積善修福，將來恐怕連我天主的位子都要不保了。」於是釋提桓因以其神通力，化作一群人，向須賴住處走去。

須賴在家，突然聽到門外有一群人正對著他謾罵嘲笑，極盡屈辱之能事。然而，出乎釋提桓因意料之外的是須賴絲毫不為所動，不發一語的繼續禪修著。

於是，這群化人改以刀杖、瓦石破壞須賴的住處，甚至危及他的色身。沒想到，須賴竟然安忍於眾人百般的迫害與侮辱，甚至心懷悲憫的看著他們。

兩次試驗都沒辦法動搖須賴的心志，眼看自己的天主地位即將要被奪去了，這時釋提桓因可急壞了，於是化身成另外一個人，對須賴惡狠狠的說：「好哇！這麼多人傷害你，你都不為所動，倘若他們要來殺害你了，看你怎麼辦？」

沒想到須賴竟以平穩的口氣回答：「所謂善有善報，惡有惡報。假若有人想要將我殺了，我對他既不憤恨，也不會想報復，反而十分同情他們。因為將來他們會自作自受，得到墮入惡道的果報。」

忉利天主釋提桓因的計謀失敗了，於是決定採用利誘的方式，企圖動搖須賴的修行，他變化成許多人與一座金光閃閃的七層寶塔，向須賴勸說：「你就收下這座金塔吧，這樣不但可以用它來佈施，將來你的食、衣、住、行也都不用憂愁了，享受人生不是很好嗎？」

「謝謝你的好意，但我自知今生的貧困乃是過去生所種下的因。假若現在又輕易接受了這座金塔，來世恐怕會更加困苦了。所以，我是不會收下它的。況且，不義而取是盜賊之行，為智者所恥。為了虛妄不實、無常的色身，而鬼迷心竅，做出不智之舉，將來勢必要嘗受無量的苦果。」

顯然，財寶無法迷惑須賴的心。於是釋提桓因又現另一個化人，試圖以人情說服他收下價值連城的珍珠，無奈又被拒絕了；再派遣嬌豔無比的天女下凡，以美貌來誘惑須賴放棄修行，同樣是無功而返！

最後，釋提桓因終於按捺不住了，親自來到人間問須賴：「請問大德，究竟你所追求的目標是什麼？是怎樣的願心，讓你對修行如此堅定呢？忉利天主之位是大家所渴愛的，莫非你也想追求？」

只見須賴搖搖頭，然後說道：「縱然忉利天主位高無比，終究還是逃離不了生、老、病、死、苦呀！既然都是無常的世間法，為何還要渴求它？我所衷心企求的，就只是令世間所有苦難的眾生出離苦海而已，再沒有別的了。」

忉利天主聽到須賴的答覆，深受感動，歡喜讚歎他能以無比的悲心願力，能行難行，能忍難忍，即發願帶領諸天，護持須賴的願力及修行。

知足心常樂

須賴因其修持忍辱的因心是為了眾生，而不是為自己，因此不論遭遇威逼殺害，或是名利財色，種種的順逆境考驗都無法動搖他的心志。

修行學佛路上，最重要的就是因心，因心正確了，則不論遇到何種境界，都必定能夠圓滿忍辱波羅蜜，成就佛果。

行惡與修善

有學僧請示峻極禪師道：「如何才是修行行善的人？」
峻極：「擔枷帶鎖者。」
學僧：「如何是邪惡為非的人？」
峻極：「修禪入定者。」
學僧：「學僧愚昧，禪師的開示，顛倒難明，懇求禪師還是用簡明易曉的言辭開示吧。」
峻極：「所謂惡者，惡不從善。善者，善不從惡。」
學僧如墮五里霧中，仍然茫然。
良久，峻極禪師問學僧道：「懂了嗎？」
學僧：「不懂。」
峻極：「行惡者無善念，行善者無惡心，所以說善惡如浮雲，無所生也無所滅。」
學僧於言下有悟。

知足心常樂

善惡，在世間法講，做好事名曰善，做壞事名曰惡，善有善報，惡有惡報，三世因果，歷然俱在，在事相說，一點不虛。但在本性上講，善惡之名都不立，若能不思善不思惡，即名見性（見到自己本來面目）。所謂「罪惡本空由心造，心若亡時罪亦空」。

行善是枷鎖，作惡名禪定，這不怪禪師顛倒，在真理上講，作福行善，一味執著人天福報，豈非為枷鎖所因？作惡為非，雖要惡道流轉，但本性仍是如此。故峻極禪師與大慈悲，發此高論，乃要人們莫為善惡所迷。應該知道，為善上生時，就一味執著有為法，以為是究竟解脫，這就錯了；作惡下墜時，就心灰意冷，以為人生無望，這也是錯的。實則「善惡是法，法非善惡」也。

不懼生死的禪師

宋朝有一將軍曹翰，在討伐南方的賊寇之後，路經廬山的圓通寺，寺僧因知曹翰的軍隊風紀不好，大家就嚇得四下逃散，只有住持緣德禪師端坐法堂不動。

曹翰叫他，他也不理不睬，甚至連瞧一眼都不肯，曹翰英雄式的自尊心受到傷害，非常生氣的說道：「我的軍隊路過此間，只想借宿貴寺，讓士兵們休息一下，為什麼你連一聲招呼都沒有？你竟敢如此無理，難道你不知道面前站著一個殺人不眨眼的將軍嗎？」

禪師聽後，平靜的睜開雙眼，回答道：「一個軍人站在佛前咆哮，如此無禮，難道你不怕因果報應嗎？」

曹翰更是大吼道：「什麼因果報應不報應，難道你不怕死嗎？」

緣德禪師也提高了聲音說道：「難道你不知道面前坐著一個不怕死的禪僧嗎？」

曹翰非常驚訝於禪師的膽量，同時也被禪師如此的定力折服，問道：「這麼大的一座寺廟只剩下你一個人，其他人呢？」

緣德禪師道：「只要一打鼓，他們就會聞聲回來。」

曹翰就猛力敲鼓，敲了好久，但卻沒有出現任何人。曹翰不悅道：「已經打鼓了，怎麼還沒有人回來？」

緣德禪師從容道：「因為你打鼓的時候，殺氣太重，請念一句南無本師釋迦牟尼佛，然後敲一下。」

因此，曹翰念佛打鼓，打鼓念佛，不久藏起來的寺僧都跑回來了。曹翰此時非常有禮的合掌問道：「請問禪師上下？」

禪師平靜地回答道：「我是緣德。」

曹翰驚歎不已，隨即跪下來祈求道：「原來是德高望重的緣德禪師！禪師，請指示我，如何才能在戰爭中制勝？」

緣德禪師漠然應道：「不知道。」

知足心常樂

自古以來，社會每有戰亂，總有一些大德護衛道場，願與寺廟共存亡，像緣德禪師，勇敢、慈悲、智能之人也。

兵難不離是勇，叫人念佛是慈，隨興回話是智。尤以問戰爭取勝之道，回以「不知道」，真智仁勇之大德也，此豈非禪心之功用也歟。

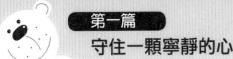

白居易與禪師論理

有一天，大文豪白居易去拜訪鳥窠道林禪師，他看見禪師端坐在鵲巢邊，於是說：「禪師住在樹上，太危險了！」

禪師回答說：「太守，你的處境才非常危險。」

白居易聽了不以為然的說：「下官是當朝重要官員，有什麼危險呢？」

禪師說：「薪火相交，縱性不停，怎能說不危險呢？」意思是說官場浮沉，鉤心鬥角，危險就在眼前。

白居易似乎有些領悟，轉個話題又問道：「如何是佛法大意？」

禪師回答道：「**諸惡莫做，眾善奉行！**」

白居易聽了，以為禪師會開示自己深奧的道理，原來是如此平常的話，感到很失望地說：「這是三歲孩兒也知道的道理呀。」

禪師說：「三歲孩兒雖道得，八十老翁行不得。」

知足心常樂

這首七佛通偈看起來雖然稀鬆平常，可是又有幾人能夠做得到呢？如果人人能夠消極的不為惡，並且積極的行善，人間哪裡還有邪惡？社會哪裡不充滿愛心和歡樂呢？也因此白居易聽了禪師的話，完全改變了他那自高自大的傲慢態度。

李渤與禪師辯道

唐朝江州刺史李渤，問智常禪師道：

「佛經上所說的『須彌藏芥子，芥子納須彌』未免失之玄奇了，小小的芥子，怎麼可能容納那麼大的一座須彌山呢？過份不懂常識，是在騙人吧？」

智常禪師聞言而笑，問道：「人家說你『讀書破萬卷』，可有這回事？」

「當然，當然，我豈止讀書萬卷？」李渤一派得意洋洋的樣子。

「那麼你讀過的萬卷書如今何在？」

李渤抬手指著頭腦說：「都在這裡了。」

智常禪師道：「奇怪，我看你的頭顱只有一顆椰子那麼大，怎麼可能裝得下萬卷書？莫非你也騙人嗎？」

李渤聽後，腦中轟然一聲，當下恍然大悟。

知足心常樂

一切諸法，有時從事上去說，有時從理上去解，要知宇宙世間，事上有理，理中有事；須彌藏芥子是事，芥子納須彌是理，若能明白理事無礙，此即圓融諸法了。

小偷與禪師

有個小偷晚上鑽進一座寺院，想偷東西，但翻箱倒櫃都找不到值錢的東西好偷，不得已，正準備離去時，睡在床上的無相禪師開口叫道：「喂！你這個朋友，既然要走，請順便為我把門關好。」

小偷先是一愣，隨即就說：「原來你是這麼懶惰，連門都要別人關，難怪你寺裡一點值錢的東西都沒有。」

無相禪師說：「你這位朋友太過份了，難道要我老人家每天辛辛苦苦，賺錢買東西給你偷嗎？」

小偷覺得，遇到這種和尚，真是一點辦法也沒有。

知足心常樂

禪師不是沒有東西，禪師擁有的是別人偷不去的無盡寶藏。世間上的人只是知道聚斂，人為財死，心為物累，你有錢了，連小偷都不放過你，不如擁有自家本性裡的無限智慧寶藏，又有什麼人能偷得去呢？

盲人聽聲斷人性

有一學僧請示盤圭禪師道：「我有一個先天的毛病——氣短心急，曾受師父指責，我也知錯要改，但因心急已成為習氣，始終沒有辦法糾正，請問禪師，您有什麼辦法幫我改正習氣呢？」

盤圭禪師非常認真的答道：「你心急的習氣，如果能拿出來，我幫你改正。」

學僧道：「現在不會心急，有時會忽然跑出來。」

盤圭微微一笑道：「那麼，你的心急，時有時無，不是習性，更不是天性；是你觸境而生的，本來沒有，因境而生。若說父母生給你的，你是太不孝了；父母生給你的，只有佛心，沒有其他。」

盤圭禪師一生接待學人，不說佛法，不說禪法，只是要求你自己應具有佛心和高貴的道德。

後來，盤圭禪師圓寂後，一位住在寺院旁的盲人對參禪的學僧說道：「我雖是瞎子，看不到對方的面孔，但卻能從對方說話的音聲判斷他的性格。通常，我不但可以在一個人對幸福者或成功者的祝福語中，聽出他的嫉妒聲氣，也可從他對不幸者或失敗者所發出的安慰語中，探出他的得意和滿足聲氣，彷彿他可從那些慰祝之言中得到許多的利益似的。但是，在我所有的體會中，盤圭禪師對人說話的聲氣始終是真誠無偽。每當他向人宣示快慰之情時，我只聽到快慰的聲氣；而當他向人一吐愁腸時，我只聽到愁苦的聲氣。那種聲氣，完全是從他的佛心中流露出來的，那佛心，就是他父母生的。」

學僧聽後，一面否認盲者的話，一面讚美盤圭禪師道：「我們老師的佛心，不是父母生的，那是他本有的。」

知足心常樂

把一切好的都歸之於父母生的，這會失去自己的本性；把一切壞的都歸之於父母生的，這也會被說為不孝。好和壞，是習性，不是本性，既非與生俱來，也非父母所生。假設有人問：「佛陀是誰生的？」答以「佛陀是摩耶夫人生的」，此話錯也，悉達多太子是摩耶夫人生的，而佛陀則是從般若生也，所謂「般若為三世諸佛之母」，即此義也。

世上沒有天生的東西

盤圭禪師說法時不僅淺顯易懂，也常在結束之前，讓信徒發問問題，並當場解說，因此不遠千里慕道而來的信徒很多。

有一天，一位信徒請示盤圭禪師說：「我天生暴躁，不知要如何改正？」

盤圭：「是怎麼一個『天生』法？你把它拿出來給我看，我幫你改掉。」

信徒：「不！現在沒有，一碰到事情，那『天生』的性急暴躁，才會跑出來。」

盤圭：「如果現在沒有，只是在某種偶發的情況下才會出現，那麼就是你和別人爭執時，自己造就出來的，現在你卻把它說成是天生，將過錯推給父母，實在是太不公平了。」

信徒經此開示，會意過來，再也不輕易發脾氣了。

知足心常樂

世上沒有天生的東西，大自然因緣聚合會生森羅萬象，吾人的本性上包含了善惡諸法，所謂「心生則種種法生，心滅則種種法滅。」任何人只要有心，就沒有什麼改不了的惡習。

曬香菇的老禪師

永平寺裡，有一位八十多歲駝著背的老禪師，在大太陽下曬香菇，住持和尚道元禪師看到以後，忍不住說：「長老，您年紀這麼老了，為什麼還要吃力勞苦做這種事呢？請老人家不必這麼辛苦，我可以找個人為您老人家代勞呀。」

老禪師毫不猶豫的說道：「別人並不是我。」

道元：「話是沒錯，可是要工作也不必挑這種大太陽的時候呀。」

老禪師：「大太陽天不曬香菇，難道要等陰天或雨天再來曬嗎？」

道元禪師是一寺之主，指導萬方，可是遇到這位老禪師，終於認輸了。

知足心常樂

禪者的生活，無論什麼事，都不假手他人，也不等到明天，「別人不是我」，「現在不做，要待何時？」這是現代人應該深思的問題。

佛法在恭敬中求

兜率從悅禪師參訪密行的清素禪師，非常禮敬，有一次因食荔枝，經過清素禪師的窗口就很恭敬地說道：「長老，這是家鄉江西來的水果，請你吃幾個。」

清素很歡喜的接過荔枝，感慨的說道：「自從先師圓寂後，不得此食已久了。」

從悅問道：「長老先師是何大德？」

清素答道：「慈明禪師，我在他座下忝為職事一十三年。」

從悅禪師非常驚訝的讚歎道：「十三年堪忍職事之役，非得其道而何？」說後，便將手上的荔枝全部供養給清素長老。

清素即以感激的態度說道：「我因福薄，先師授記，不許傳人，今看你如此虔誠，為此荔枝之緣，竟違先師之記。將你的心得告訴我。」

從悅禪師俱道所見。清素開示道：「世界是佛魔共有的，最後放下時，要能入佛，不能入魔。」從悅禪師得到印可以後，清素禪師教誡道：「我今為你點破，讓你得大自在，但切不可說是承嗣我的，真淨克文才是你的老師。」

知足心常樂

「要學佛道，先結人緣」，荔枝有緣，即能悟道。「佛法在恭敬中求」，從悅對前輩恭敬，恭敬中就能得道。古人一飯之思，終生不忘，如清素禪師，一荔之賜，竟肯道破心眼，此乃感恩有緣也。「不可嗣我，當可嗣真淨克文禪師」，師資相助相信，亦禪門之美談也。

園頭禪師的育才之道

有一位信徒在佛殿禮好佛後，便信步到花園散步，碰巧看到園頭（負責園藝的僧眾）正埋首整理花草，只見他一把剪刀在手中此起彼落，將枝葉剪去，或將花草連根拔起，移植另一盆中，或對一些枯枝、澆水施肥，給予特別照顧。

信徒不解地問道：「園頭禪師，照顧花草，你為什麼將好的枝葉剪去？枯的枝幹反而澆水施肥，而且從這一盆搬到另一盆中，沒有植物的土地，何必鋤來鋤去？有必要這麼麻煩嗎？」

園頭禪師道：「照顧花草，等於教育你的子弟一樣，人要怎麼教育，花草也是。」

信徒聽後，不以為然道：「花草樹木，怎能和人相比呢？」

園頭禪師頭也不抬地說道：「照顧花草，第一：對於那些看似繁茂，卻生長錯亂，不合規矩的花，一定要去其枝蔓，摘其雜葉，免得它們浪費養分，將來才能發育良好；就如收斂年輕人的氣焰，去其惡習，使其納入正軌一樣。

第二：將花連根拔起植入另一盆中，目的是使植物離開貧瘠，接觸沃壤；就如使年輕人離開不良環境，到另外的地方接觸良師益友，求取更高的學問一般。

第三：特別澆以枯枝，實在是因為那些植物的枯枝，看來已死，內中卻蘊有無限生機；不要以為不良子弟，都是不可救藥，對他灰心放棄，要知道人性本善，只要悉心愛護，照顧得法，終能使其重生。

第四：鬆動曠土，實因泥土中更有種子等待發芽。就如那些貧苦而有心向上的學生，助其一臂之力，使他們有新機成長茁壯。」

信徒聽後非常欣喜地說道：「園頭禪師，謝謝您替我上了一課育才之道！」

知足心常樂

佛經云：「有情與無情，同圓種智。」世間上沒有不可救的生命，沒有不可教的人才。寺院山門口往往供一尊笑容滿面的彌勒佛聖像，意思是用慈悲（愛）攝受你，但彌勒佛的背後，卻供了一尊手拿降魔杵的將軍韋馱聖像，意思是用威武（力）折服你，父母師長對年輕子弟，一面授予愛的攝受，一面給予力的折服，子弟不會不成材的！

小沙彌敲鐘

鐘，是佛教叢林寺院裡的號令，清晨的鐘聲是先急後緩，警醒大眾，長夜已過，勿再放逸沉睡。而夜晚的鐘聲是先緩後急，提醒大眾覺昏衢，疏昏昧！故叢林的一天作息，是始於鐘聲，止於鐘聲。

有一天，奕尚禪師從禪定中起來時，剛好傳來陣陣悠揚的鐘聲，禪師特別專注的豎起心耳聆聽，待鐘聲一停，忍不住的召喚侍者，詢問道：「早晨司鐘的人是誰？」

侍者回答道：「是一個新來參學的沙彌。」

於是奕尚禪師就要侍者將這沙彌叫來，問道：「你今天早晨是以什麼樣的心情在司鐘呢？」

沙彌不知禪師為什麼要這麼問他，他回答道：「沒有什麼特別心情，只為打鐘而打鐘而已。」

奕尚禪師道：「不見得吧？你在打鐘時，心裡一定念著些什麼？因為我今天聽到的鐘聲，是非常高貴響亮的聲音，那是真心誠意的人，才會發出的聲音。」

沙彌想了又想，然後說道：「報告禪師，其實也沒有刻意念著，只是我尚未出家參學時，家師時常告誡我，打鐘的時候應該要想到鐘即是佛，必須要虔誠、齋戒，敬鐘如佛，用如入定的禪心，和用禮拜之心來司鐘。」

奕尚禪師聽了非常滿意，再三提醒道：「往後處理事務時，不可以忘記，都要保有今天早上司鐘的禪心。」

這位沙彌從童年起，養成恭謹的習慣，不但司鐘，做任何事，動任何念，一直記著剃度師和奕尚禪師的開示，保持司鐘的禪心，他就是後來的森田悟由禪師。

知足心常樂

奕尚禪師不但識人，而從鐘聲裡能聽出一個人的品德，這也由於自己是有禪心的人。諺云：「有志沒志，就看燒火掃地」，「從小一看，到老一半」。森田沙彌雖小，連司鐘時都曉得敬鐘如佛的禪心，難怪長大之後，成為一代禪師！可見凡事帶幾分禪心，何事不成？

翰林學士寺院做苦役

唐朝裴休宰相，是一個很虔誠的佛教徒，他的兒子裴文德，年紀輕輕就中了狀元，皇帝封他為翰林，但是裴休不希望兒子這麼早就飛黃騰達，少年仕進。因此就把他送到寺院裡修行參學，並且要他先從行單（苦工）上的水頭和火頭做起。

這位少年得意的翰林學士，天天在寺院裡挑水砍柴，弄得身心疲累，而又煩惱重重，心裡就不停的嘀咕，不時怨恨父親把他送到這種深山古寺裡來做牛做馬，但因父命難違，強自隱忍，像這樣心不甘情不願的做了一段時間之後，終於忍耐不住，滿懷怨恨的發牢騷道：「翰林擔水汗淋腰，和尚吃了怎能消？」

寺裡的住持無德禪師剛巧聽到，微微一笑，也念了兩句詩回答道：「老僧一炷香，能消萬劫糧。」

裴文德嚇了一跳，從此收束身心，苦勞作役。

知足心常樂

偉大人物，不是坐在高位上給人崇拜，禪者是從卑賤作業，苦役勞動中身體力行，磨礪意志。儒者有「天將降大任於斯人也，必先苦其心志，勞其筋骨，餓其體膚，空乏其身。」佛教更是重視苦行頭陀，勞役歷練。雖然如斯，這也只是充實福德因緣，乃屬世間有為法，若禪者炷香，心能橫遍十方，性能豎窮三際，心性能與無為法相應，當然「老僧一炷香，能消萬劫糧」了。

禪門宜默不宜喧

靈樹院有一年夏安居的時候，五代時的後漢劉王堅持禮請雲門禪師及其寺內大眾全體到王宮內過夏。諸位法師在宮內接受宮女們禮敬問法，鶯鶯燕燕，熱鬧非凡。尤其劉王虔誠重法，故禪修講座，無日無之。寺中耆宿也都樂於向宮女和太監們說法。但唯有雲門禪師一人卻在一旁默默坐禪，致使宮女們不敢親近請示。

有一位值殿的官員，經常看到這種情形，就向雲門禪師請示法要，雲門禪師總是一默，值殿官員不但不以為忤，反而更加尊敬，就在碧玉殿前貼一首詩道：「大智修行始是禪，禪門宜默不宜喧，萬般巧說爭如實，輸卻禪門總不言。」

知足心常樂

禪門高僧，一向如閒雲野鶴，或居山林，或住水邊，三衣一具，隨緣任運，即使法緣殊勝，王宮侯第，亦不為利誘，不為權動。如雲門禪師者，「一默一聲雷」，雖不言語，實則有如雷轟頂之開示，吾人如在沉默時體會出千言萬語，就可以說已參透到一點禪的道理了。

內在本性的流露

有一個學僧道岫，雖然精於禪道的修持，但始終不能契悟，眼看比他晚入參禪學道的同參，不少人對禪都能有所體會，想想自己實在沒有資格學禪，既不幽默，又無靈巧，始終不能入門。心想還是做個行腳的苦行僧吧！於是道岫就打點二斤半的衣單，計畫遠行。臨走時便到法堂去向廣圄禪師辭行。

道岫稟告道：「老師！學僧辜負您的慈悲，自從皈投在您座下參學已有十年之久，對禪，仍是一點體悟都沒有。我實在不是學禪的根器，今日向您老辭行，我將雲遊他去。」

廣圄禪師非常驚訝的問道：「哦！為什麼還沒有覺悟就要走呢？難道到別處就可以覺悟嗎？」

道岫誠懇的再稟告道：「我每天除了吃飯、睡覺之外，都精進於道業上的修持，我用功就是因緣不合。反觀同參的道友們一個個都契機的回歸根源。目前在我心的深處，萌發一股倦怠感，我想我還是做個行腳的苦行僧吧！」

廣圄禪師聽後開示道：「悟，是一種內在本性的流露，根本無法形容，也無法傳達給別人，更是學不來也急不得的。別人是別人的境界，你修你的禪道，這是兩回事，為什麼要混為一談呢？」

道岫道：「老師，您不知道，我跟同參們一比，立刻就有大鵬鳥與小麻雀的慚愧。」

廣圄禪師裝著不解似的問道：「怎麼樣的大？怎麼樣的小？」

道岫答道：「大鵬鳥一展翅能飛越幾百里，而我只囿於草地上的方圓幾丈而已。」

廣圄禪師意味深長的問道：「大鵬鳥一展翅能飛幾百里，他已經飛越生死了嗎？」

道岫禪僧聽後默默不語，若有所悟。

知足心常樂

俗諺云：「人比人，氣死人。」比較、計較，這是煩惱的來源，怎能透過禪而悟道呢？聰明、機智，大鵬鳥一展翅千八百里，但不能飛越過生死大海。因為小麻雀與大鵬鳥是比較上有快慢、有遲速，但禪是要從平等自性中流出的。所以道岫禪僧一旦除去比較、計較，回歸到平等自性中來，就能有所悟了。

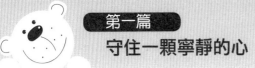

超越人間的聖僧

唐朝時，有一位懶瓚禪師隱居在湖南南嶽的一個山洞中，曾寫了一首詩，表達他的心境：「世事悠悠，不如山丘，臥藤蘿下，塊石枕頭；不朝天子，豈羨王侯？生死無慮，更複何憂？」這首詩意，已說明他的灑脫生活，後來這首詩傳到唐德宗的耳中時，德宗很想見見這位禪師，到底是怎樣的一個人物？於是就派大臣去迎請禪師，大臣拿了聖旨尋找到了岩洞，正好瞧見禪師在洞裡舉炊，大臣便在洞口大聲呼叫道：「聖旨駕到，趕快下跪接旨！」洞口的懶瓚禪師，卻裝聾作啞地毫不理睬。

大臣探頭一瞧，只見禪師以牛糞升火，爐上燒的是地瓜，火愈燒愈熾，煙火瀰漫，整個洞裡洞外黑霧繚繞，熏得禪師涕泗縱橫，侍衛看得忍不住叫道：「喂！禪師，你的鼻涕流下來了，為何不擦一擦呢？」

懶瓚禪師頭也不回的答道：「我才沒有閒空為俗人擦拭鼻涕呢。」

懶瓚禪師說完，隨即夾起炙熱的地瓜，就往嘴裡送，並連聲讚道：「好吃！好吃！」

大臣見狀，驚奇得目瞪口呆，因為懶瓚禪師，吃的是一塊一塊的石頭。懶瓚禪師吃時，順手撿了兩塊遞給大臣，並說道：「請趁熱吃吧！三界唯心，萬法唯識，貧富貴賤，生熟軟硬，心田識海中不要把他們分在兩邊。」

大臣見禪師這些奇異舉動，和說這些難懂的佛法，不敢回答，只好趕回朝廷，據實報告皇上，皇上德宗聽了十分感歎地說道：「國有如此禪師，真是大家之福。」

知足心常樂

在出家人中，有人間比丘，也有獨居比丘。人間比丘弘法利生，服務社會；獨居比丘深山岩穴，清淨修道。有些人間比丘是人在紅塵，心在山林；有些獨居比丘人在道場，心在世俗。像懶瓚禪師，遇到皇帝的寵召，視如閻王的招魂；寶物的賞賜，看作拖累負擔；實在已是一個超越人間的聖僧了。

越喝越想喝

舍利弗與佛陀心心相印。有一天，舍利弗聽完佛陀的開示，身心一直被那深刻而又平凡的哲理陶醉著，臉上洋溢著兒童才有的純真的微笑。

回來的路上，一位外道修行的人問他：「舍利弗，你得到了什麼寶貝，這麼高興？」

「我剛剛聽世尊說法。佛法美妙而又神奇，真是無價之寶啊！」外道嘲弄說：「你偌大年紀了，還吸吮師父的乳汁啊？難怪像個孩子。」

舍利弗一笑：「你所接受的教義是邪惡的，猶如變了質的壞牛奶。所以，你一喝，夠了，就知足了，不想再喝了。而我所聽聞的佛法，深邃無限，奧妙無限，回味無窮，越品越有滋味。所以，佛法就像營養豐富、口感醇厚的好牛奶，喝多少都是新鮮的、甜美的、有益的，越喝越想喝！」

知足心常樂

人確實是有思想的，人的行為是由思想支配的。如果與高尚的人為伍，經常接觸很多美好的事物和言行，人就會變得好；反之，就可能變壞。因此，在生活中，對待跟誰學、學什麼的問題，不可不慎。

一切由因緣所定

世尊佛在世時，有一個女子出家修道，修習多年，得到六神通，獲得無窮的力量，最後得到羅漢果。

一天，得到羅漢果的比丘尼，到城中的貴婦人家中，用出家人之語，勸說身分高貴的婦人們出家。眾貴婦人回答說：「我們這些人年輕貌美，姿容豔麗，很難持戒。如果我們出家，耐不住寂寞孤獨，恐怕就會破戒，而一旦破戒，也就墮入地獄中，受到各種懲罰，這怎麼可以呢？」

比丘尼見她們有所顧慮，就說：「破戒就破戒，也沒什麼，只要堅定出家；入地獄就入地獄，轉世仍可以從地獄中出來。一切都由因緣所定。」

貴婦人聽此言，都笑著說道：「願聽詳細。」

比丘尼就說：「我的前世，是一個戲女，穿各種美麗的衣服，說各種各樣的戲中話。有時穿著比丘尼的衣服，嬉笑一番，供人觀看，因為這種緣故，那時迦葉佛就勸說我出家為尼。迦葉佛當時是一個比丘尼，然而，她自認為出身高貴，容貌端正，驕氣傲慢，就破了禁戒，所以墮到地獄裡，先被鞭撻，又被錘子擊身……受到了種種懲罰。後來，她隨釋迦牟尼佛出家修行，得到阿羅漢道。所以，雖然先有破戒之事，但後學法修道也能得道果。」

知足心常樂

人難免犯錯，只要能改正就好。不必對自己的錯誤耿耿於懷，也不要對別人的錯誤窮追不捨。最好堅持「懲前毖後，治病救人」的原則，儘量給別人和自己一個改過的機會。

找到人生的光明大道

很久以前，在裴扇闍國中，有一婆羅門女名叫提違，提違家中雖然非常富有，但卻早年守寡，並且上無父母、膝下又無子女可依靠，總是孤零零的一人，終日悶悶不樂的。

當時婆羅門中有一習俗，若是生活中總是不順遂、不如意的人，可以先設大會齋供養一百位婆羅門後，再以家中所有的財產供養五百位婆羅門，而後到恆河水邊，用木材堆架成床，自己躺在上面，點火燒掉這個色身，此時婆羅門會為此人祝願，如此便可消除過往的一切過罪，往後生生世世所生之處，六親眷屬眾多，壽命無量，快樂無窮。

因此，婆羅門中的一些長老們，在商量過後，一大群人滿心歡喜地往提違的家出發，準備去告訴提違這個解脫的方法。提違聽完之後，想想自己一生命運多舛，希望能早日脫離此種生活，於是同意了這個方法，便馬上命僕人，上山砍柴及清點家中的所有錢財。這樣的舉動，使得裴扇闍國的人們議論紛紛，大街小巷中都在議論著這件事情。

有一位名叫缽底婆的比丘，正好路經此國。缽底婆比丘精進持戒，博學多聞，智能聰穎，辯才無礙，總以大慈悲心教化天下，使人們因得法受益，而能改邪就正、舍惡修善。鉢底婆比丘聽見了人人議論的話題，心生憐憫，便迅速地趕往提違的家中。

鉢底婆比丘問：「夫人為什麼準備了那麼多的柴火呢？」

提違回答：「我是要燒掉這個不幸的身體，除滅罪殃呀！」

鉢底婆比丘說：「罪業並不是隨著身體的毀滅，就可以消逝的，人們的禍福是隨心而起。夫人這樣的做法就像有病的人，已經是痛苦不堪，又遇到可惡的人，來到病人床前胡亂罵之後，又打了病人一巴掌，這時病人會有什麼樣的反應呢？」

提違回答：「這個病人的憤恨、痛苦，一定是更增百千倍吧！」

鉢底婆比丘答：「正是如此！夫人要知道，當大猛火燒起的時候，氣息還未斷絕，神識還未離開身體，此時身心被火燒烤，這樣的苦毒如何能讓人得解脫？甚至命終時，因為最後一念嗔恨心起，而墮入地獄，所受的苦又更增百千萬倍。一失人身萬劫不復，想要離開地獄之苦都已經是遙遙無期了，怎麼有可能得到真正的解脫？

提違聽完鉢底婆比丘的話後，心開意解，想要自殺的念頭因此而熄滅，並且請鉢底婆開示真正滅罪的方法。鉢底婆比丘說：「前心作惡，如雲覆月。後心起善，如炬消闇。罪惡之源，都是由身、口、意業而來。今當至心懇切的懺悔，發願從今以後，改惡修善，守持十善，如此生生世世直至成就佛道。」缽底婆比丘說完，便為提違受十善法。提違歡喜踴躍，即準備種種上好齋食及珍貴寶物，要供養缽底婆比丘作為報答，並懇請比丘能留在此地教化。

缽底婆比丘說：「夫人受了十善法，就是三寶弟子，今後要以十善法教人，這就是對我的最好報答。如今你已能信受正法，已經得度，我不宜在此處久留，因為還有更多的人須要度化。」說完後，缽底婆比丘不帶走任何一物，便離去了。

提違自從聽了缽底婆比丘的開示之後，對缽底婆比丘的開示、教誨沒有任何懷疑，一心一意精進用功，信受三寶，廣行佈施，始終如一。運用各種方便，使身旁的人受持十善，大眾還能再以十善輾轉教人。提違知道是三寶讓她的生命得到重生，讓她的人生找到了真正的光明路，所以對三寶的信心堅固不移。命終之後更升天為天人，受福無量。

故事中的提違夫人，雖然一生中都是苦厄連連，甚至愚癡的聽信不正知見，而想焚身以求得解脫。但幸能得遇善知識的引導，尋找到苦海中的大明燈——佛、法、僧三寶，依著這光明的大路信心堅定的行走，便能得到真正的解脫。

知足心常樂

《大智度論》云：「信心如手，有手之人入海寶藏，隨意拾取；無手之人雖遇寶藏，不得拾取。」可見「信心」的重要。一個有信心的人，不管做任何事情都容易成功，所以經云：「信為道源功德母，長養一切諸善根。」只要堅固對佛法的信心，必定能找到人生中最光明的大道。

曇翼法師和採薇少女

曇翼法師是浙江餘杭人，最初依廬山慧遠出家，後往關中求學於鳩摩羅什。幾年之後，他又東還會稽，入秦望山結廬而居，誦《法華經》十二年。

有一天，日薄西山，天色向晚，曇翼的草庵門前突然出現了一位妙齡少女，身披彩服，容貌嬌麗，臂彎處挎著一個竹籃，裡面放著一頭小豬，鮮白可愛，另有兩顆大蒜斜放籃中，青蔥碧綠。情景交融，更襯托出那位少女的美麗。

只見她金蓮款動，來到曇翼的身前說：「我進山採薇，沒想到越走越遠，忘了歸期。現在天色已晚，想回去又怕路上豺狼當道，傷害了性命。所以，我想在你這裡借住一宿，明早再行。」話沒說完，一個媚眼已向曇翼飄來。

曇翼一見，心中惶恐不安。他想這位少女神色輕佻，說是入山採薇，實際上只怕是來壞和尚清修的，遂即說道：「不行！佛教以女色為大戒。這深山野林之中，四處無人，你來借宿，於我大大不便。我想你還是趁著天色尚早，趕緊下山回家去吧！」

那位少女一聽曇翼不許，便哭了起來，她抽泣著說：「都說和尚心地仁慈，愛惜生靈，誰知今天我卻遇上了一位假仁假義的和尚，眼看著由我落入虎狼嘴裡而不加保護，我的命真是太慘了啊！」

曇翼見少女如此說法，心中也覺不安起來：「是啊，救人性命原本是我佛家的本色，她雖是一名女子，我總不能眼見她死於路上吧。」

想到這裡，曇翼只好答應了少女的乞求，同意她住下來。他把草庵中僅有的一張繩床讓給少女，自己於庵外粗略的鋪置一下，露宿起來。

睡到半夜，屋裡的少女突然高聲呼叫起來，說是肚子疼，請求曇翼為她按摩。曇翼心想，對方的詭計終於使出來了。便以持戒為辭，堅決拒絕。豈知那位少女卻越叫越急，在床上翻滾不已，痛得汗流滿面。曇翼進屋一看，知道少女是真的病了，便以布裹起錫杖，遙為按摩。許久之後，少女腹痛漸止，慢慢地睡去了。曇翼暗呼僥倖，急忙出屋去了。

第二天一早，那位少女醒來，突將彩衣化作祥雲，小豬變成白象，大蒜變成蓮花，少女淩空飛起，端坐蓮花之上。她對曇翼說：「我是普賢菩薩，今日特來相試。你的修為果然不錯了。」一言畢，倏忽而逝，消失不見了。原來，那位少女竟是普賢菩薩的化身。

此事當時就流傳起來。據說，會稽太守聽知此事後，立即上報朝廷。皇帝特意降詔，為曇翼建造了一座法華寺，後來被改稱天衣寺，以普賢彩衣化祥雲的奇蹟，並稱讚曇翼的德行修為。

知足心常樂

在生活中，我們要培養高尚的志趣，豐富自己的精神生活，加強自己的意志鍛鍊，對抗各種不良誘惑，堅定的沿著正確的人生目標前進。

嚴守信用的須陀須摩王

《大智經》中有這樣一個故事：

過去有個國王，名叫須陀須摩王。他誠心的奉行佛教規誡，為人老實，從不打誑語。一天早上，須陀須摩王乘車與宮女們一起去花園裡遊玩，剛出城門，就遇上一個婆羅門伸手向他乞討。國王很爽快的答應了，但說明現在身邊分文未帶，等從花園回來後，再佈施財物給他。

許下這一諾言後，國王就與宮女們來到花園，在水池中一邊洗澡，一邊嬉笑遊玩。當時有個名叫鹿足的兩翅王，趁須陀須摩王玩興正濃時，突然從天而降，一把抓住了他，消失在天空中。宮女們被眼前發生的一切嚇得不知所措，驚恐萬分，哭成了一團。哭聲驚動了國人，不久，舉國上下都知道國王被人擄走，不知去向，大家都很悲傷。

兩翅王抓著須陀須摩王騰空飛行，很快回到了自己的王宮，將他和先前擄來的九十九個國王關在一起。這時，須陀須摩王淚流滿面，十分傷心。兩翅王見了，頗有些不以為然，嘲笑他說：「我說須陀須摩王啊，人的生死離別，自有定數，何必像小孩子似的哭哭啼啼呢？」

須陀須摩王回答：「我並不怕死，只是後悔早上不該對人許下無法兌現的諾言，使自己失去了信用。我從小到大，沒打過誑語，做過失信於人的事。但今天早上有位婆羅門向我乞討，我答應回宮後向他施捨，沒想到出了意外，使我失信於他，犯了欺人之罪，這就是我痛哭的原因啊！」

兩翅王聽了這番話，覺得須陀須摩王如此誠實，確實難得，便對他說：「你不用害怕失信，我放你回國，你必須在七天之內辦完佈施婆羅門的事，然後再自己回到這裡來。如果過了七天不回來，我會再把你抓來，那時我就不客氣了！」

須陀須摩王答應了兩翅王的條件，回到了自己的國家。他一方面廣為佈施，一方面向人民表示懺悔和謝罪，還安排了立太子為國王的事宜。須陀須摩王對臣民宣稱：「我的頭腦遲鈍，愚笨得很，沒有能力將國家治理好，請大家原諒。現在我是身不由己，性命也掌握在別人手中，馬上要遠離你們而去，前程實在難測。」

臣民及國王的親屬都跪下來向他叩頭，希望他不要離去。人們紛紛說道：「請大王留在國內吧，留下來保護我們，這個國家需要你來治理，我們不怕那個叫鹿足的鬼王！」

須陀須摩王很感動，但他還是勸說大家：「你們聽從我的勸告，千萬不能那樣做。」接著，便說了幾句偈語：「**實話第一戒，實話升天梯，實話小人大，妄語入**

地獄。我今守實話，心中無悔恨。」念完偈語，須陀須摩王便毅然告別國人，前往兩翅王的住所。

兩翅王掐指一算，七天期限將到，遙見須陀須摩王果真如約趕來，心中非常欽佩。一見須陀須摩王的面，便高興地說道：「你真是一個講實話、守信用的人啊！哪個人不珍惜自己的生命？你已經從我手裡逃脫了，還恪守信用，忠實的依約而來，稱得上是個偉人！」

兩翅王大受感動，就放了須陀須摩王。

知足心常樂

誠實守信是我國的傳統美德，做人要誠實守信。一個誠實守信的人，在生活中可能會暫時遭受損失，但必將獲得長久的收益。

老仙人和小仙人

很久以前，在波羅奈國裡，有座深山。山上古木參天，奇花遍地，人跡罕至。只有潺潺的溪水和偶爾的鳥鳴，才會打破這份寧靜。

在這座深山裡，住著一老一小兩位仙人。老仙人是位得道者，面容清瘦，精神矍鑠，雪白的鬚眉下，雙目炯炯有神。小仙人雖然希望能修得正果，卻不願像老仙人那樣整天修煉，因此，沒有多大的本事。

老仙人經過多年的苦心修煉，有了五種神奇的神通力。老仙人到處尋訪仙人，虛心求教，而其他仙人也常常贈給他各種仙果佳釀。從北方的邯鄲國，老仙人帶回了又香又軟的大米；從閻浮羅，他提來一大籃山上從沒見過的瓜果。甚至有一天，老仙人飛上天，尋訪天上的仙人，回來時帶了一大堆天上的山珍海味。老仙人每次帶回美味佳餚時，總要喚來小仙人共同品嘗。

小仙人看到老仙人來去自如，心想事成，好生羨慕。有一天，他對老仙人說：「師父，請您收下我做徒弟吧，我想跟您學本事。」老仙人嚴肅的說：「年輕人，我們仙人修身養性，學習神通力，不是為了我們自身的便利。如果你學習神通力是為了造福於人，那麼你會如願以償；相反，則會荼毒人間，造成危害啊！」

聽了老仙人的一番話，小仙人不做聲了。過了些日子，他看到老仙人又帶回許多好吃的東西，就再也忍不住了，苦苦哀求道：「師父，教教我吧，我保證一定聽您的話，學會五種神通力後，用來好好修道，絕不用它做壞事。」看著小仙人一臉的誠懇，經不住他幾次三番的請求，老仙人終於答應把五種神通力傳授給他。小仙人費了好大工夫，總算把神通力學到了手。

小仙人學會了五種神通力後，忍不住山上的寂寞，總想到處炫耀一番，但在這個連個人影都難看到的深山老林裡，他連一句讚揚聲都聽不到。

有一天，小仙人悄悄的下了山，來到城裡。熱鬧的街道上滿是熙熙攘攘的人群，見到一個年輕人拔地而起，騰雲駕霧，大家都看呆了。人們圍攏起來讚不絕口：「這個年輕人真不簡單，本領可真大啊！」聽著大夥兒的一片讚揚聲，小仙人不禁洋洋得意起來，於是他使出了各種神通力展現給眾人看。

虛榮的小仙人自此常常下山，在男女老幼面前表演神通力，不久便名聲大振。

一次，小仙人正在賣力表演時，不巧被老仙人撞見了。老仙人沉下臉來說道：「年輕人，若是心術不正，總有一日你會喪失神通力的。」可是小仙人對老仙人的苦口良言充耳不聞，反而認為老仙人故意讓他在眾人面前出了醜，便到處誹謗老仙人，說是老仙人嫉妒他的本事，見不得年輕人比自己強，等等。

流言傳到老仙人耳裡，他只是淡淡一笑，也不做任何辯解，因為他知道他的預言終有一天會成真。果然，沒過多久，小仙人在一次表演中，竟然失足跌下來，眾人哄堂大笑。他試圖再次拔地而起，卻怎麼也升不上天空了。小仙人不甘心在眾人面前丟人現眼，他一遍遍的施展各種神通，得到的卻是眾人嘲諷的笑聲，原來他的神通力已全部失去了。

一傳十，十傳百，小仙人失去神通的消息很快傳遍了全城。反過來全城百姓讚揚老仙人品德高尚，本領非凡。同時，紛紛譴責小仙人心胸狹隘，品行低下，最後一致決定把小仙人驅逐出城。

沮喪的小仙人這才懊悔自己不該把老仙人的忠告當成耳旁風，可是一切都已晚了，他只能在眾人的斥責聲中悄悄的離去。

知足心常樂

老子說：「不自我表揚，反能顯明；不自以為是，反能是非彰明。」為人處世切忌自我誇耀，自尊自大，心胸狹隘，品行低下。

讓靈慧從心中得來

唐朝，文宗皇帝生性嗜好蛤蜊，沿海民眾總是不斷的捕捉蛤蜊進貢朝廷。有一次御廚在烹調時，一打開蛤蜊的硬殼，見殼內有一尊酷似觀音菩薩的聖像，梵相俱足，非常莊嚴，文宗就以美錦寶盒供奉在興善寺，讓大家瞻禮。水產的蛤蜊，其中現出菩薩聖像，太過稀奇，因此唐文宗在上朝時，問群臣道：「眾卿之中，不知有誰知道蛤蜊內出現菩薩聖像，是象徵什麼祥瑞之兆？」

有一位大臣說道：「此乃超凡入聖之事，非一般學者凡人能知，聖上如必須探究此事，在太一山有藥山惟政禪師，深明佛法，博聞強記，可以詔來詢問。」

惟政禪師到達宮中後，便告訴唐文宗道：「物無虛應，此乃開啟陛下信心。《法華經》云：應以菩薩身得度者，即現菩薩身而為說法。今菩薩現身，乃為皇上說法。」

文宗道：「菩薩雖已現身，但未聞其說法？」

惟政禪師立即解釋道：「陛下認為此蛤蜊中現觀音聖像，能否啟發陛下的信心？」

文宗皇帝說道：「這種稀奇的靈異之事，是我目睹，當然相信。」

惟政禪師道：「陛下既已起信，那菩薩已為您說法說好了。」

知足心常樂

藥山惟政禪師對唐文宗的說法，極盡巧妙，此種靈慧均由禪心中得來，所謂有了禪心，真是信口說來，皆成妙諦。吾人對佛法禪道能有體悟，則世間上一色一香，一草一木，無不是道。你如懂得：那青青楊柳，鬱鬱黃花，都是諸佛如來的法身；你能明白：那江海濤聲，簷邊水滴，都是諸佛如來說法的聲音。哪裡一定要觀音現身呢？哪裡一定要觀音說法呢？

不立文字的禪

不少日本近代禪師，都是由一位著名的無難禪師一脈相承而來。

無難禪師在未入禪門之前，是一個賭博酗酒不負責任的浪子，直到某天因緣際會受了愚堂禪師的感化才痛改前非，潛心習禪，終有所成。因此，無難非常感念恩師的教化，他衷心希望這樣美好的傳承能代代延續，尤其是從他自己手中交出時，他希望能看見當年恩師愚堂所看見的：肅穆的心，熱切的眼。

無難只有一位繼承人，名叫正受。正受完成學業之後，無難召他入見，對他說：「據我所知，你是唯一能傳授此法的人。這裡有一本書，代代相傳，師師相授，至今已有七代了。我也依照我的領悟加了不少見地。由此可見此書的價值。現在我將他交給你，以示傳承之意。」

「既然這本書如此重要，您最好還是自己保存著吧！」正受從容的拒絕了，並且解釋說：「因為我接受的是你不立文字的禪，我喜歡這樣的本來面目。」

「這點我知道，」無難有點訝異的說：「即使如此，它已傳了七代之久，你不妨留著，作為承受此法的一種象徵。」說畢，即把書遞過道：「拿去！」

正受只好接過書本。時值冬日，雪花紛飛，寒冷異常，室內燒著火爐，正受接過書後，隨即將它投入火爐中，他無意佔有它。頃刻間，那本傳法書已燒成灰燼。

從習禪之後即不再發脾氣的無難突覺有一股怒意混合著失望從體內升起，不禁吼道：「你在幹什麼？」

「你在說什麼？」正受回吼道。

無難吃驚的望著正受年輕的臉龐，突然心意平和了。流年似水，他是老了，然而「法」仍會傳承下去，以日新月異的方式傳下去。

知足心常樂

傳承知識，要在繼承中求發展，發展中求突破。繼承是突破的基礎，突破是繼承的發展。突破比繼承更引人注目，因為每次突破都會給傳承中的知識注入新的生命和活力。

道的真諦

丹霞禪師年輕時飽讀四書五經，他在去京城參加科舉考試的途中，遇到一個禪者點化他：「選官何如選佛？」意思是做官怎麼能比得上做佛呢？丹霞當下便決定拋棄仕途，學佛修道，並終於成了一代大師。

一次，一個女尼來向丹霞禪師問道，她問：「如何才是道的真諦？」丹霞禪師一語不發，用手在女尼屁股上輕輕掐了一下。

女尼臉騰的紅了，又驚又怒的罵：「原來你心裡還有那個！」

「不是我有，是你有！」丹霞冷冷的回答：「道不遠人，人自遠道。」

一個小和尚碰巧看到這一幕，就到處嚷嚷說：「我們師父原來是個色鬼，居然當眾調戲前來求道的小尼姑！」

小和尚這麼說也算實事求是，但有個老和尚立刻訓斥道：「馬貴四條腿，人賤一張嘴。你這個小和尚懂什麼，一邊站著去！」

上晚課的時候，有人把這件事報告了禪師。禪師聽罷倒頭就拜那個小和尚，連喊：「我佛慈悲，我佛慈悲！」

「哎喲，我不是佛祖啦！」小和尚以為丹霞瘋了，連忙大叫：「你認錯人了！」

「我沒認錯人啊，我拜的就是佛祖。是佛祖肉眼凡胎，不僅認錯別人，也認錯自己了。」

小和尚猛然醒悟了。禪師是苦口婆心啟發自己開悟啊！以後再也不能用肉眼去看事情了。

禪宗在內部師承輩分上是非常講究的。只有具備丹霞禪師這份大智大勇，才會妙用以上拜下的絕招度人開悟，真不愧是一代神僧！

丹霞禪師為了讓小和尚開悟，居然去掐尼姑的屁股，然後跪拜小和尚，說他就是佛祖。正是因為採用了這一些極其怪異的方法，小和尚才猛然驚醒。

知足心常樂

生活需要規範，但又不可以把自己變成規範的奴隸；因為死守著規範，就不能解決新的問題。「法無定法。」為了某種目的，善於思考，採取適當的方法，才能取得理想的預期效果。

道元禪師和他的弟子

道元禪師門下有這麼一位出家弟子——這位弟子天性認真勤奮，每天對自己所擁有的純金佛像和佛陀舍利燒香禮拜。所謂佛陀舍利指的就是釋尊的遺骨。

佛像也好，舍利也好，都是神聖的東西。對神聖的事物加以禮拜是自然的，並沒有值得驚異之處。然而，他的師父卻忠告他說：「你現在所尊敬禮拜的佛像和舍利，往後將是你修行的最大障礙，還是趁早把它丟了吧！」

聽了這番話的弟子，反而感到非常氣憤：「我尊敬禮拜佛像和舍利又有什麼不對？」這位弟子實在不明白師父所忠告的用意何在？

「它們是天魔波旬所幻化而來的。」（佛教所謂「波旬」就是惡魔的首領）師父這麼說。

聽到這裡，弟子憤然離去。

「不信的話，回去打開你收藏佛像和舍利的箱子看看吧！」師父大聲地對離去的弟子叫喊著。

弟子回去後打開箱子一看，驚異地發現一條毒蛇正盤踞在箱中！

知足心常樂

我們對某件事一旦有了先入為主的觀念，就往往深信不疑。其實，有時我們所信奉的東西會隨著時間的改變而變得不合時宜。

無價之寶的偈語

從前有一位常年在外經商的人，因年關已近，於是提著行囊準備回鄉與家人團圓。在路上突然想起妻子終年辛苦持家，應該買個禮物慰勞她一下。

於是商人來到了市集，走來走去、東看西瞧，卻不知應該買什麼才好？此時，正好看見一位老先生坐在路旁，身旁掛著一個招牌寫著「賣偈語」三個字。

他好奇的趨前探問：「這東西怎麼賣？」

老先生向他上下打量了一會，說：「你看來跟我很有緣，好吧！一首偈子就算你十兩銀子，半賣半送。」他心想：「什麼偈子這麼貴！」

老先生交給他一首偈子，要他念了一遍：「**向前三步想一想，退後三步想一想，嗔心起時要思量，熄下怒火最吉祥。**」並且還叮嚀他：「記住哦！日後遇到讓你嗔心憤起的事情時，一定要把這首偈語念三遍，自然就有不可思議的妙用！」由於天色已晚，商人沒時間多計較，聽完老先生的囑咐，拿著偈語，便匆匆地上路。

商人一路上風塵僕僕，回到家中已經是半夜三更，家人早已就寢。於是他輕手輕腳地進到妻子的房裡，卻發現床底下擺著兩雙鞋子，一雙女人的，一雙男人的。此時，商人不由怒火中燒：「這個不守婦道的女人，趁我不在家，竟然作出這種不知廉恥的事情！」

他怒不可遏地到廚房拿了一把菜刀。回到房間，正當商人要舉起菜刀時，突然耳際響起了老先生賣給他的那一首偈語，不由喃喃的念起來，在床旁前進三步、又退後三步，來來回回地反覆思量。

妻子被商人的腳步聲吵醒後，見丈夫站在床前，先是驚愕了一下，接著高興的問：「你怎麼這麼晚才回來？吃過飯了沒有？」

丈夫理都不理，氣急敗壞的指著她問：「床底下怎麼會有男人的鞋？」

太太這時才會意過來，於是半嗔半惱的說：「今天是除夕，等你等到了半夜，也不見你回來。為了討個團圓、吉利，只好把你的鞋拿出來擺在一起，湊合湊合！」

商人一聽，慶幸自己沒有鑄下大錯。心中很感激老先生賣給他的那首偈語，不禁大聲的說道：「真值得！真值得！真是無價之寶！」

知足心常樂

煩惱的根源就是貪、癡、嗔三毒，這三毒人人皆有。尤其嗔心，發動起來，難以收拾。佛經云：「火燒功德林」，外在的火僅是燒毀財產、住宅；而內心這把火，卻往往讓我們喪失理智，作出令自己後悔莫及的事。所以牢記此偈——「向前三步想一想，退後三步想一想，嗔心起時要思量，熄下怒火最吉祥。」自能大事化小，小事化無，吉祥平安。

保持一顆平實不亂的真心

神光慧可禪師翻山越嶺來到嵩山少林寺，拜謁達摩祖師，要求開示，並請為入室弟子。達摩面壁靜坐，不理不睬，神光於是在門外佇候，時值風雪漫天，過了很久，雪深及膝。達摩看他確實求法虔誠，才開口問他：「你久立雪中，所求何事？」

神光道：「唯願和尚開甘露門，廣度群品。」

達摩說：「諸佛無上妙道，曠劫精勤，難行能行，難忍能忍，尚不能至，汝公以輕心慢心，欲冀真乘，徒勞勤苦。」神光聽此誨勵，即以刀斷臂在達摩座前。

達摩說：「諸佛求道為法忘形，你今斷臂，求又何在？」

神光答道：「弟子心未安，請祖師為我安心！」

達摩喝道：「把心拿來，我為你安。」

神光愕然地說：「我找不到心呀！」

達摩微笑說道：「我已經為你將心安好了。」

知足心常樂

神光慧可於找不到處，而有一個轉身入處，終於豁然大悟，我們的煩惱本空，罪業本無自性，識心寂滅，沒有妄想動念處，就是正覺，就是佛道。如果能夠保持一顆平實不亂的真心，佛性當下就會開顯。

超越生死遊戲人間

宋朝德普禪師性情天賦豪縱，幼年隨富樂山靜禪師出家，十八歲受具戒後，就大開講席弘道。兩川緇素無人敢於辯難，又因其為人急公好義，時人譽稱他為義虎。

宋哲宗元佑五年十月十五日，德普禪師對弟子們說：「諸方尊宿死時，叢林必祭，我認為這是徒然虛設，因為人死之後，是否吃到，誰能知曉。我若是死，你們應當在我死之前先祭。從現在起，你們可以辦祭了。」

大眾以為他說戲語，因而便也戲問道：「禪師幾時遷化呢？」

德普禪師回答：「等你們依序祭完，我就決定去了。」

從這天起，真的煞有其事的假戲真做起來。幃帳寢堂設好，禪師坐於其中，弟子們致祭如儀，上香、上食、誦讀祭文，禪師也一一領受饗餮自如。

門人弟子們祭畢，各方信徒排定日期依次悼祭，並上供養，直到元佑六年正月初一日，經過四十多天，大家這才祭完。

於是德普禪師對大家說：「明日雪霽便行。」

此時，天上正在飄著鵝毛般的雪花。到了次日清晨，雪飄忽然停止，德普禪師焚香盤坐，怡然化去。

悟道的禪師，有一些言行生活，給人一種遊戲人間的感覺，其實，禪者豈單遊戲人間，連生死之間都在遊戲。

知足心常樂

在禪者眼中，生固未可喜，死亦不必悲，生和死，不是兩回事，生死乃一如也；因為既然有生，怎能無死？要緊的是超越生死，不受生死輪迴，如德普禪師，不但預知生死，而且在生死中，留下這一段美談，其不堪破生死而何？

生活不能人人滿意事

能知足心常樂

CHAPTER 2

知恩圖報的態度

HAPPINESS consists in contentment

知恩報恩，是做人的根本。但是，一般人往往凡事都以自己為前提，只想接受，不想付出，當然更遑論報恩了。

人，要學習佛陀的慈悲，要以大眾的安樂為安樂，對於宇宙世間要能知足、感恩，要有「我能給別人什麼」的胸懷；不能自私貪求，只想「別人能給我什麼」。因為施者的境界比受者更寬大，施者所獲得的快樂比受者更豐富。唯有分享快樂給人，唯有懂得報恩的人生，才是有意義、有價值的人生。

狐狸報獅子的恩情

很久以前，有五百隻狐狸及獅王同時住在雪山中，狐狸經常群聚一起，偷偷的跟在獅王後面，伺獅王獵殺牛、馬、鹿等鳥獸，飽餐一頓離開後，再一擁而上，搶食這些殘食。

一天夜晚，獅王覺得肚子餓了，出來覓食，狐群亦步亦趨的跟在獅王之後，等著分食。可是天色太暗了，獅王一不小心掉落到一個深坑裡，爬不出來。狐狸們看了，知道不可能吃到食物，都一溜煙的跑走了。

只有一隻狐狸留在深坑旁，心想：「我每天吃著獅王所留下來的食物，才能維持生命。如今獅王遇到危難，我不能捨棄他，應該想辦法救他出來才對。」

於是，狐狸思索著各種營救辦法，觀察四周的狀況後，看到了一旁的黃土堆。他馬上對著洞裡的獅王說：「我現在要將黃土慢慢的推下去，你先到一旁去，等黃土越堆越高時，再躍上黃土，設法跳出來。」狐狸開始用力地將黃土扒入洞裡，等黃土漸漸的堆高了，獅王便依照指示，從洞裡跳了出來。

獅王非常感激狐狸的救命之恩。狐狸卻謙虛的表示，自己只是報答獅王平日的關照，還特別感恩獅王長久以來的幫助，令獅王感動不已。

那時的獅王即是釋迦牟尼佛的前生，扒土救獅的野狐是阿難尊者，其餘捨棄獅王而去的四百九十九隻狐狸，即是後來跟隨提婆達多的四百九十九位比丘眾。

知足心常樂

有諺語云：「吃果子，拜樹頭，吃米飯，敬鋤頭」，我們可以在社會生存，是眾人的成就，觀一餐飯，由墾植、收割、舂磨、炊煮……而成，當中蒙受眾生恩德，難以度量。因此，我們要知恩，還要進一步感恩、報恩。

感恩不僅是對提攜與關心自己的長輩、上級，對平輩及晚輩的相助與照顧，都要感恩，佛法講「無緣大慈，同體大悲」，視一切男子為我父，一切女子為我母。如果能以報恩心來生活，定會充滿感激，而不會有怨恨、失望、不服氣的想法，人我之間也會更祥和喜樂。

得惡報的商人

名聞利養對提婆達多而言，有著無比的吸引力。長久以來，他對世尊不肯將僧團交給他統理之事，感到非常不滿。他心想：「只要世尊死了，我就可以成為新佛，未來豐厚的利養和眾人的恭敬，將屬於我的了！」想到這裡，嘴角不禁泛起奸邪的微笑。他開始處心積慮地計畫謀害世尊。

有一天，提婆達多雇了五百位善於射箭的婆羅門，埋伏在世尊的精舍附近。共同約好等世尊一出現，就一起用亂箭把世尊射死。大眾屏息以待……

世尊出現了！一枝枝箭應弦而出。當箭射到世尊身邊時，竟全都化成拘物頭花、芬陀利花、波頭摩花及優缽羅花，美麗的花朵緩緩飄落在世尊的四周，形成一片美麗的花海。

這五百位婆羅門看到如此神奇的景象，心中既驚訝又害怕，不約而同的全都捨棄了弓箭，跪在世尊前，向世尊懺悔。

世尊微笑著，並慈悲的為他們說法，這五百婆羅門心開意解，當下就證到了初果。此時，他們向世尊請求出家，希望世尊答應他們出家學道。世尊也答應了，便說：「善來比丘，鬚髮自落，袈裟著身，即成沙門。」話一說完，五百婆羅門鬚髮自行掉落，身上的衣服也立即變成了袈裟。世尊再次說法，五百人都證得阿羅漢果。

其他的比丘聽說了這件事情，讚歎的說道：「世尊的神力實在不可思議，竟讓惡人悔改，並立刻證得阿羅漢果；世尊的慈悲更是廣大無邊，即使提婆達多屢次加害，而世尊總是以大慈悲心原諒包容，諄諄化導，真是令人感動。」

世尊告訴大眾：「提婆達多不斷加害於我，並非今世方才如此。過去久遠劫前，波羅奈國有一位商主，名為『不識恩』。有一次，不識恩和五百位商人一起入海採寶，經過幾番努力之後，採得豐盛的寶物，大眾歡喜的啟程返航，希望早日回鄉，好好享福。

然而，天有不測風雲，看似平靜的海面下竟藏著一個可怕的漩渦……當船航行至此，船身一陣劇烈的搖晃，沒幾秒的功夫，整個船身就被捲入漩渦之中。更可怕的是，在漩渦中還出現了一個面目醜陋的水羅剎。他猙獰地笑著，伸出恐怖的雙手捉住了船身。

大眾驚慌不已，有的哭、有的大叫，船長馬上下令，水手們一起使出吃奶的力氣搖槳。過了一會兒，船身仍然動彈不得，只聽到水羅剎的笑聲在風中飄蕩。

恐懼萬分的商人們，紛紛向日月天神祈禱，希望有奇蹟出現……就在這千鈞一髮的時刻，遠處海天交際的地平線上，有一座大島緩緩的飄動過來。當「大島」愈來愈近時，商人們定睛一看，原來是一隻背寬有一里的大海龜。

大海龜聽到了商人們的哭號，心生悲憫，於是靜悄悄地繞過了水羅剎，不動聲色的游到了船邊。大夥兒喜出望外，毫不猶豫爭先恐後的跳到龜背上。大海龜趁著水羅剎笑得忘神之際，賣力的划動四肢，快速的脫離了水羅剎的魔掌，而背後傳來的是水羅剎氣急敗壞的謾罵聲……

游至岸邊，大海龜已經累壞了，便趴在岸邊閉眼小憩，由於體力的透支，不知不覺中就睡著了。商人們這時才鬆了一口氣，陸續爬下大海龜的背部。經過剛才的驚險恐怖的經驗，大家都又累又餓又渴，擠在商人中間的不識恩，才剛爬下龜背，便想用石頭砸死大海龜充饑。

所有的商人見狀都趕緊阻止他說：剛剛在海中如果沒有大海龜前來解救，我們早就葬身海底。牠對我們有救命之恩，你怎麼可以殺牠呢？況且龜是有靈性的動物，這麼大的海龜，想必也修持了很多年了，殺牠是很不吉祥的。

不識恩說：『現在大家都又累又餓，最重要的是趕快找到食物充饑，如果這個島上沒有食物，我們不也是一樣會餓死嗎？與其坐以待斃，不如想辦法求生！』於是，不顧大家的阻撓，不識恩找了一個大石頭，用力的朝海龜的頭砸去。大海龜在毫無防備的情況下，當場就死了。

忘恩負義的不識恩，撕下龜肉，大口咀嚼，拍拍肚子，感到滿足極了。這一天經歷許多險難，大夥都非常疲累，到了晚上，紛紛找地方躺下來休息。在波濤的伴奏及海風的吹拂中，很快的都入睡了。

誰知道噩運還沒結束呢！到了半夜，遠遠地傳來『轟隆，轟隆……』的巨響，接著是一陣天搖地動，灰暗的夜色下捲起一陣沙塵，大家都還來不及睜開惺忪的雙眼，一群大象早已瘋狂的向他們衝過來。這時已無路可逃，想再找大龜幫忙，為時已晚。所有的人，都被象群給踩死了。」

當時的大海龜就是釋迦牟尼佛的前身，不識恩就是提婆達多，五百位商人就是現在出家修行得道的五百婆羅門。

知足心常樂

用惡行換得一時之安穩，必帶來更大的不安穩。老實做人，不可以自以為是，否則必定自作自受。

前世的福報

在印度的鬱禪延城，有一位國王名叫惡生王。一日清晨，當守城門的士兵打開城門時，發現城門外竟排著五百輛牛車，車上不僅載著滿盛金粟的寶鉢，而且每個鉢上都有寫著「贈予惡生王」的封印。士兵一看，趕緊將這件事稟報國王，請惡生王裁決是否該收下這些寶鉢。

惡生王心想：「這些寶物雖然珍貴，但來得這麼突然，又沒有署名，或許是不祥之物，如果我貿然接受，恐怕會為我的國家帶來災禍。」惡生王不敢妄下決定，於是驅車前往求教迦栴延尊者。

國王將事情的原委告訴迦栴延尊者後，恭敬的請示：「尊者，這些鉢不知是吉、是凶？我可以收下嗎？」迦栴延尊者回答：「國王，這是您過去累劫以來修善植福的良善果報，您可以安心收下，不用擔心。」國王不解的問：「我過去生到底做了什麼善業，可以在今生感召這樣的福報呢？」尊者於是將惡生王過去生的因緣果報娓娓道來。

「在九十一劫前，仙人山中住著一位辟支佛。一天，他外出托鉢時，因天雨路滑，不慎跌了一跤，摔破瓦鉢，於是便走到制瓦師家化緣。制瓦師見到清淨莊嚴的修行人，心生歡喜，立即找來五個缽，並且盛滿水供養辟支佛。辟支佛收下後，將缽擲向空中，並且躍身至虛空，作空中行、空中臥……等十八種神通變化。制瓦師一家人及在場買瓦的夫婦，見到如此殊勝的景象，個個歡喜不已！當時的制瓦師就是國王您，制瓦師的妻子就是當朝王妃屍婆具沙夫人，制瓦師的兒子也就是喬波羅太子，而在場買瓦的夫婦就是當今宰相富盧窺及其夫人。」

惡生王又問：「這些缽又是從何而來呢？」迦栴延尊者回答：「這些缽來自恆河的龍宮。過去有位羅摩王，他的舅舅是住在恆河旁修行的婆羅門，羅摩王每日都會派人以寶缽盛滿食物供養舅舅。但在婆羅門的教法中，並不像出家眾那麼重視缽具，所以羅摩王的舅舅每次用完食物後，便隨手將缽扔棄於恆河中。住在恆河底的盲龍，每次撿到缽，便會將它盛滿金粟，收藏在自己的龍宮中。盲龍就這樣不斷的收集，最後竟累積達五百車之多。盲龍命終之後，並沒有子嗣來繼承這些寶缽，所以寶缽始終沉寂於河底的龍宮。帝釋知道您過去生佈施缽的因緣，便將這些盛滿金粟的寶缽贈予國王。」

惡生王知道事情的來龍去脈後，歡喜地收下五百車寶缽，並且將它們供養三寶，廣修福德，命終之後，生生世世皆得超生善道。

知足心常樂

諸福田中，以供養三寶福田最勝，所以不管是修補塔寺、助印經典或佈施供養，一點一滴，若能發乎至心，皆具足無量的功德。制瓦師因一念歡喜心，虔誠供養僧眾缽器，故能感得如此殊勝果報，所以我們要深信因果的道理，不僅要了知佛法的智慧，亦要把握修福德的機會，如此福慧俱足，定能遠離煩惱，圓成佛道。

前世的佈施今生的回報

過去，居住在印度王舍城中的人民，大多過著富裕的生活，王舍城裡的人，依家產多寡分別居住於不同的鄉里。其中有個安樂富足的鄉里名為「一億里」，顧名思義，居住此里的人都擁有一億以上的家產。

當時有一位商人，很嚮往能住進一億里內，為了達到目標，他總是拼命工作、勤儉持家，將畢生的心力投注在累積財富上。就這樣過了數十年清苦的日子，商人算算家產已將近一億了，滿懷希望的他，卻在此時積勞成疾而病倒。臨終前，他告訴妻子，希望年幼的兒子將來繼承他的遺願，成為擁有一億家產的富翁。

商人走了之後，妻子含著淚水傷心的告訴兒子：「將來你一定要努力賺錢，等湊足一億元，我們就可以住進一億里，完成你父親的心願。」

兒子聽完母親的話，信心滿滿的說道：「母親，您放心！將財產交給我來處理，相信我們很快就能住進一億里了。」

看到乖巧的兒子這麼懂事，母親顯得很安慰，也放心的將財產交給兒子。豈料兒子得到這筆錢財後，竟大行佈施，供養三寶、周濟貧戶，不到半年光景，所有的家產幾乎散盡。

家產沒了，母親的笑容也不見了。偏偏不幸的事卻接踵而至——兒子竟在此時得了重病，短短數日便往生了。商人的妻子瀕臨破產，又逢喪子之痛，傷心欲絕。

往生的兒子因為生前佈施而種下善因，不久即投胎轉世到一億里的首富家中。這位家財萬貫的富豪，年近八十仍膝下無子，如今喜獲麟兒，真是開心不已。但是，這個剛出生的兒子卻生性奇特，不論誰來餵哺他都不願進食，夫妻倆焦慮萬分，到處探尋良策。事情很快的傳開了，每天都有不少人來試著餵食，然而都是無功而返。

商人的妻子聽聞這個消息後，也好奇的前去富豪家中嘗試。只見嬰兒一到她手上，就馬上開口進食，富豪見狀高興極了，於是和夫人協議，以厚禮為聘，讓商人的妻子到家中居住，就近照顧兒子。

商人的妻子果然如願的住進一億里中，但是想到丈夫和兒子終究福薄無緣，不禁深深感歎……此時抱在懷裡的嬰兒，忽然開口說話：「您不認識我了嗎？」

婦人聽到這聲音，又驚又恐。嬰兒又說：「不要害怕，我就是您往生的兒子啊！因為佈施財物的福報，所以我投胎轉世到一億里的富貴人家，這就是佈施功德的不可思議之處啊！」

嬰兒長大後，於一億里中推行佛法，並引導鄉里的民眾廣修供養、行菩薩道。

知足心常樂

諸佛菩薩總是以大悲心為體，乘願往來人間，顯現種種方便接引眾生，令發菩提心、廣作佛事。我們身旁也可能會出現許多菩薩聖眾，只要肯把握修善植福的因緣，即能和菩薩同行於菩提道上。

人蟒臨終一念的慈心

一向風和日麗的舍衛國，有一天忽然陰風慘慘，烏雲密佈。幾個時辰之後，奇怪的事情發生了，陰暗的烏雲中竟落下血水，全國都籠罩在腥風血雨之中。舍衛國的國王感覺惶惶不安，趕緊召集群臣、占卜師詢問原因。與會中有一位占卜師起身說道：

「古書上記載，如果有人蟒出生於世時，當地就會下起血雨。所以，由此推斷，今日新生的嬰兒當中，必定有人蟒！」

於是國王命令屬下，將那一天出生的所有新生兒，全都送往宮中檢查，以免危害無辜百姓。果然其中有位嬰孩，當他張口吐出唾液時立即化成火焰，而且是含有劇毒的火焰！大家都感到驚慌不已，於是儘快將人蟒送到隱密的森林中，以免傷及無辜。

從此以後，舍衛國當中，只要是犯下重罪的死刑犯人，就被送到人蟒所住的林中處決。嗔心深重的人蟒，一見到有生命的任何眾生，就會吐出毒氣，毒死對方。多年來，被人蟒毒害的罪犯有七萬兩千多人。這期間，人蟒也曾為國家除掉兇暴的獅子。但毒殺了七萬二千人的殺業，使得國王聯想到：「人蟒的罪業深重，必定免不了受地獄之報吧！」

當人蟒命終之後，舍衛國的摩羯王特地前往佛陀的精舍請法：「敬愛的世尊，嗔心深重的人蟒已經命終了！造作極惡罪業的人蟒，它的神識將墮於何處？」

面對國王的疑惑，世尊不疾不徐的回答：「人蟒由於臨終一念慈心，今日將升到天上。」

原來，世尊觀察到人蟒的壽命將盡，同時人蟒得度的因緣也已成熟。於是，世尊請舍利弗前往救度。

即將命終的人蟒，一看到舍利弗，依然嗔心忿起，拼命釋放毒氣；良久，卻發現無法傷及舍利弗，愈加氣憤。此時，舍利弗尊者全身大放光明，以神力與慈悲心，降伏了人蟒心中的嗔火。人蟒看著尊者，心中忽然生起了慈悲；就因為人蟒臨終這一念善念而往生善道。

國王聽了世尊的開示後，不禁心生疑惑：「世尊，您常說因果是人間的真理，人蟒毒殺七萬二千人的重罪，難道無須償還嗎？」

世尊回答：「國王，因果是世間和出世間的真理，毋庸置疑！人蟒在天福享盡後，最後將至人間修行學佛。由於他的精進不懈而證辟支佛果，當他在樹下入定之時，身體猶如紫磨金般充滿光耀。此時，有七萬二千名大軍路過，看到辟支佛所放的金光，誤認為是一座金子打造的人像，上前用刀斧奮力砍斫。待大軍們各自分取後，才發現所割取的，原來是人肉，並非金礦。於是，將之丟棄一旁，揚長而去，辟支佛也因此而涅盤。人蟒今世所造的罪孽，他日必將償還。國王！人蟒雖犯了極重之罪，但因為遇到善知識，縱有積山之罪，亦有冰消之期。由此可知，在修行的路上，能有善知識的指引是極為重要的。千萬要切記呀！」

國王聽完世尊的開示，心開意解，知道因果報應是歷歷不爽的。也更為清楚修行的重要，慶幸自己今生能親近大善知識，能聽聞無上甚深微妙法。國王由衷的生出感恩之心，非常恭敬的頂禮世尊，滿懷法喜的踏上歸途。

知足心常樂

佛法就是因果。經上云：「假使百千劫，所作業不亡，因緣會遇時，果報還自受。」人蟒雖毒殺了那麼多人，但因臨終的一念善心，得以重報輕受，此即說明心念的重要。一切法由心所生，不僅能載舟，亦能覆舟；心生慈心、清淨心、懺悔心之善念，就能滅罪消愆；修行不離因果，起心動念即是「因」。應當把握此難得的人身，跟隨大善知識，在菩提路上廣積福慧資糧，戒慎心念，自利利他，進趨菩提。

用真心讚揚一切善法功德

很久以前，印度有一位阿輸迦王。雖然，國王並沒有真正契悟佛法的真理，但是對佛法不但具有相當的信心，而且發心非常廣大。所以在一天當中，建造了八萬座佛塔。國王不僅僅是建塔，每天還虔誠供養許多位法師，並恭請法師開示說法，如此日復一日，從未停止過。

有一天，國王和往常一樣的供養法師們，其中有一位年輕聰穎、相貌莊嚴、精通經律論三藏的法師，神情自若的坐在國王的身邊，準備升座說法。突然間，國王發現，從這位年少法師的口中，散發出一陣陣沁心的清香，心中深感疑惑，心想：「這位法師口中一定含了什麼特別的東西，是不是想利用這香氣來蠱惑我的人民？」於是請法師開口，仔細瞧了好一會兒，法師口裡真的是什麼都沒有。國王仍不相信的再請法師漱口，但是他口中的香氣依然不減。

國王忍不住對法師說：「請示法師，您的口中為什麼會散發出如此微妙的香氣，而且我從來沒有聞過這麼特別的香味呢？」法師回答國王說：「大王！這要追溯到過去久遠以前，在迦葉佛的時代，我是一位善於說法的比丘，常向大眾讚歎宣說迦葉佛無量的清淨功德，並且使人們明瞭種種深妙佛法的真理和無邊的修習方法。從那個時候開始，一直到現在，我生生世世口中都有妙香散發出來，而且這香氣遠超過一般世間花草的香味，人們只要聞到了這個香氣，都會心生喜悅。」

國王聽了以後，歡喜有加的說：「原來讚佛及說法的功德果報是那麼的殊勝無比啊！」

年少法師接著又說：「這還只是眼前看得到的『花』報，讚佛及說法的十種功德『果』報，更是不可思，不可議，請大王仔細聆聽：

一、讚歎佛的功德，使一切眾生都能聽聞（因心及願力），就可以得到廣大好名聲的果報。

二、讚歎佛的功德，使一切眾生心生歡喜，就可以得到世世相貌端正的果報。

三、為眾生講說滅罪生福的方法，使眾生能有安樂的心靈棲所，就可以得到心中時時感到快樂歡喜的果報。

四、讚歎佛的功德，來調伏一切眾生的煩惱，就可以感得時時受人恭敬的果報。

五、顯揚說法時有如明燈一般，照亮眾生的心燈，使眾生契悟佛法，就可以得到威德如日光一般明耀人心的果報。

六、用種種方法讚歎佛的功德，使一切眾生心生歡悅，就可以得到受人敬愛的果報。

七、運用種種巧妙的言語，來讚歎佛無量無邊的功德，就可以得到無盡無礙辯才的果報。

八、讚歎佛不可思議的妙法，使一切眾生不再有任何過咎，就可以得到深妙清淨大智慧的果報。

九、讚歎佛的功德，使人們煩惱越來越淡薄，就可以得到斷除無明，垢穢滅盡的果報。

十、因為使自己及他人的煩惱盡消，而證得涅盤的境界。譬如天降大雨，不僅可以熄滅大火，連灰燼也不再有餘熱。」

國王聽了法師如此詳細的闡述讚歎佛的殊勝功德後，心開意解，歡欣踴躍的對年少法師說：「有大福德的人們，都善能讚歎佛的功德。」

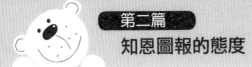

知足心常樂

讚佛有殊勝莊嚴的果報，藉由口的讚揚、身的禮敬，乃至心中歡喜讚歎佛陀的三十二相、八十種好，身心離於染垢，離於妄執，一心稱念，一心讚歎，皆得圓獲十大殊勝利益。

在真心的讚揚一切善法功德時，自心當下霎時遠離了我執、自私與仇恨。從此，執著煩惱自輕，本具福德朗現。如此，讚歎便是一件真正值得讚歎的事。

一切佛法皆是自性流露

富麗堂皇的宮殿裡，舉目所見是各國奇珍，伸手所及是稀世名品。王子在書房裡，斜倚著非常考究的巨型書櫃，愁眉不展。他想要的，不是這些世間昔是今非的浮泛知識；他渴望的，是真理、是正法。一想到派出去求法的使者都空手而返，錦衣玉食、歌舞昇平的宮廷生活，只讓苦悶的心情更加沉重。

「誰？誰想聽法？我，我有法寶！誰？誰想聽法？……」宮門外忽然傳來一陣輕快的吟詠聲。王子立刻轉身衝向大門，畢恭畢敬的將這名自稱有法可說的婆羅門請入大殿。

「大師，請上座。」王子抬出高貴的皇室專用坐椅。

婆羅門毫不謙讓的一屁股坐下。

「大師，請哀憐我求法若渴的心，請您為我說法！」王子的目光炯炯，毫不掩飾他百分之百的認真及虔誠。

婆羅門一聽，就長吁短歎起來：「想當年，我為了求法追隨老師，百千辛苦、經年累月，才好不容易學得。怎麼你說想聽法就要聽法，這未免太沒有道理了。現在的年輕人真是，嘖嘖——」婆羅門邊說邊搖頭。

「無論大師您需要什麼，請儘管吩咐！」王子急了，連忙說：「就連身體和妻子，我也絕不吝惜！」

婆羅門挑了長眉，慢條斯理的開出了條件：「要說法也是可以，就看你夠不夠有誠意——第一，挖個大坑；第二，在坑內燃起熾盛的熊熊大火；第三，尊貴的王子，你要投到火坑來供養我。」

這種殘酷的學費，足以讓勇夫卻步，懦夫喪膽。但王子二話不說，就馬上付諸行動。這個消息立即傳遍全宮，上至國王王后，下至將臣宮女，眾人聲勢浩蕩的聚集在太子宮中。

「兒啊，你是母后的心肝寶貝，也是黎民百姓的希望，你要什麼老師、學問、書籍，母后一定給你，千萬別一時衝動啊！」國王又要安撫哭成淚人的王后，又要看緊王子不讓他翻身跳入火坑，一時之間分身乏術。

「老先生，請憐憫我們，求求你，國家城池、諸妃宮女都奉送給您，我也願為您做牛做馬，請不要讓王子投身火坑！」眾人你一句我一句的苦勸固執的婆羅門，宮內亂成一團，哭聲震天。

婆羅門好整以暇的看著人群中唯一一張堅定而純真的臉——「這種事那裡是我能逼迫的？隨王子自己的意思吧。」言畢，他乾脆閉上雙眼，冷冷放下最後一句結論：「跳，我就說；不跳，門兒都沒有！」

王子環視大眾，他無言的鎮定，已經充分說明內心的答案。父王強忍內心的掙扎，派出使者，跑遍閻浮提內大小諸國，宣達這件驚天地、泣鬼神的消息。七天之後，太子宮中人聲鼎沸。不論男女老幼、貧富貴賤，聚集在火坑旁，異口同音，懇求王子留下來：「我們仰憑王子，像依靠父母一樣，您投火求法，我們該如何是好？別為一個可惡的婆羅門拋棄所有的人，留下來好嗎？」

王子平靜的聽著眾人的勸留，直到人聲銷歸於肅穆的空氣中，他才開口說道：「各位可親的父老們！在生死輪迴之中，我早已經喪身無數。投生為人，為利互殘；投生在天，五衰憂苦；投生地獄，劇苦難喻；投生餓鬼，百毒鑽軀；投生畜生，勞役烹殺。我生生世世白白受了這麼多的生死苦難，從來沒有一次是為法捨身。這一次，我要以此臭穢色身供養法，你們應該要成全我無上的道心啊！日後成佛，我誓施予你們大眾無上大法，使大眾永脫輪迴之苦！」

站在火坑旁，王子泛紅的面頰流淌著汗水：「大師，請為學生說法！如果我命終，怎麼再聽法呢？」

婆羅門一本正經，以威嚴的口氣誦出了諸佛相傳的教法：常行於慈心，除去恚害想。大悲愍眾生，矜傷為雨淚。修行大喜心，同己所得法。救護以道意，乃應菩薩行。

王子作勢投火，卻立刻被制止——父王拉著他的右手，母后拉著左手，重新將慰留的話說了一遍。然而心意堅決的王子，掙脫兩人的臂膀，奮然跳下火坑。

霎時，天地變色，諸天號哭，灑淚如雨。火坑突然間在眾人的淚雨中，化成一方香潔的蓮塘。正中央金光燦爛的蓮花上，端坐微笑的，正是眾人愛戴的王子。諸天人以清妙的歌聲歡喜讚歎，天空中亦飄著天人撒下的繽紛花雨……

知足心常樂

在知識爆炸、資訊領導的時代裡，人們被激增、暴漲的思潮和資訊淹沒，浸沉在此汪洋中，既無法抗拒潮流，也談不上為真理付出性命，只是載浮載沉罷了。然而，一切法皆是自性流露，心能變現無量妙法。知識是人心的產物，而認識這念心的真相，才是掌握一切知識、學說、思潮、立論、資訊……的根本源頭。從清淨心出發，善用一切法自利利他，法法皆是佛法。

佈施供養的功德利益

園精舍裡的僧眾在佛陀的教導下，和合共住，用功精進。每天，僧眾莊嚴的奉誦、攝受的威儀，讓精舍呈現出一片肅穆祥和的法界，同時也讓住在精舍旁的貧窮人家，在耳濡目染下心生歡喜，和三寶結了善緣。

「多麼莊嚴的佛陀，多麼和合的僧眾啊！如果能夠供養他們，不知該有多好呢！」貧苦的婦人望著祇園精舍，陷入了沉思。但，再看看四周——「唉，」婦人歎了口氣，自己的家中一貧如洗，拿什麼來佈施供養呢？「難道就這樣放棄供養三寶的機會嗎？」婦人心想。這時，她突然靈光一現：「我雖然沒有錢，但我可以盡我的心力作為供養，不是也很好嗎？」於是，婦人當下即決定要發心每天打掃祇園精舍。

婦人說到做到，所以隔天一早就來到精舍，把精舍整理得一塵不染，令僧眾有清淨莊嚴的環境能安心辦道，也讓所有來到道場的人生起歡喜讚歎之心。婦人日復一日從未間斷，至誠之心始終如一。

園精舍的附近還住了一位長者。有一天，長者出門遊玩，馬車不知不覺行駛到一個奇妙的地方，在這裡所見到的景象，讓長者歎為觀止——因為他看見遠處的水澤中，竟有數十間以七寶砌成、高廣妙好的房舍，在陽光的照映下，更顯金碧輝煌。這時，長者看見房舍旁彷彿有個人影，由於難忍驚訝之情，便歡喜的大聲詢問道：「請問您，這一大片殊勝莊嚴、美輪美奐的房子，是屬於誰的產業啊？」這時，果然有聲音遠遠傳來，回答說：「有一位貧窮卻具足德行的人，因為灑掃佛陀的精舍，種了無上福報，未來會投生到這裡，我現在正在為她建造這一片房舍。」長者聽了，十分歡喜的說：「太好了，我一定要去找這個大福報的人，向她求取這些房子。」

長者立刻駕著馬車繼續前進，前方出現的竟然就是貧婦又小又破舊的家。長者於是向婦人請求：「您有一件好東西，是不是能給我？我以五百兩黃金作為報酬。」婦人聽了大為不解：「我一直都是如此貧窮，哪裡會有什麼好東西呢？」長者說：「沒關係，您只要答應我就好了。」婦人雖然疑惑，但還是答應了他：「好吧。」於是，長者便給了婦人五百兩黃金，歡喜的離開。看著長者雀躍的背影，再看看手中沉甸甸的黃金，婦人覺得簡直像在做夢：「究竟是什麼好東西呢？這個東西可真是幫我圓滿供養三寶大願的功臣呢！」

婦人意外的獲得五百兩黃金，卻始終沒有用來添置家中所需，反而以這些黃金廣修供養，種大福田。因為她的清淨發心，廣積福德，圓滿佈施，不久便在一次聽聞佛陀開示的當下，證得道果。

故事中的貧婦身貧心不貧，虔誠清掃精舍，以清淨的環境供養僧眾安心辦道，立即成就七寶宮殿的果報，說明以清淨心、護持心、讚歎心供養三寶福田，因緣殊勝。及至獲得長者的五百兩金，仍然不生起希取之心，全部廣施供養，更證明貧婦供養三寶深心堅固，能捨難捨，全無慳吝之情。因此果報更上層樓，聞法清淨，獲得解脫。

關於佈施供養之功德利益者有三：佈施供養之心、佈施供養之物、佈施供養之對象。日常生活中，若能秉持清淨心、歡喜心、供養心，耕耘敬田、恩田、悲田，自利利他，廣結善緣，則所行皆是殊勝的佈施——雖是小施，亦獲大福。

堅定對佛法的信心

佛陀時代，有一位名叫修陀羅的長者，擁有無數的財富，平日為人樂善好施，並虔誠信仰佛教，自己更發願：每年臘八（十二月初八）當天，一定要誠心、竭盡所能佈施財物來供養佛陀及眾比丘，甚至往後世世代代的子孫都要依此奉行，不可廢止。長者一直到臨終前，還一再吩咐兒子比羅陀一定要切實遵行此遺訓，千萬不可忘記。

長者死後，家道日漸衰微，一無所有。比羅陀眼看一年一度的臘八又要到了，而家中已無多餘的錢財來供養佛陀及眾比丘，想著想著不禁感到愁悶不安。於是慈悲的佛陀派目犍連尊者前去關心、詢問比羅陀，比羅陀說：「父親的遺訓，不敢違背忘記，我依舊辦理，只希望世尊到時，可不要嫌棄才好。」隨後，比羅陀就向妻子的父母借了一百兩銀子，用心籌備辦理臘八供僧事宜。

當天，佛陀帶著一千二百五十位比丘前往比羅陀家中，接受夫妻倆至誠的供養。兩人滿心歡喜的供養每位比丘僧，從頭到尾不曾有任何一絲一毫的後悔及不悅。第二天早上，比羅陀夫妻發現家中以前存放財寶的地方，竟然堆積如以前一般多的寶物，兩人感到又驚又喜。但又不知是何原因，會不會遭殃禍？就決定去請示佛陀。

於是比羅陀去到精舍請示佛陀，佛陀告訴比羅陀：「這些寶物，你們安心使用，不需疑慮，這是因為你能守信、不違背父親的教誨，又能嚴持戒律、知慚知愧，對佛法僧三寶虔誠恭敬、歡喜供養。因為你具備信、戒、慚、愧、聞、施、慧等七種行道者的德行，才有此福報招來財富，所以不會帶來災害。有智能的人，會依佛法奉行，不論男女，所生之處，福報都是自然而來的。」

比羅陀聽了佛陀開示後，更加堅定對佛法的信心，至心頂禮後，歡歡喜喜的回家。將佛陀的教誨一一告訴妻子，並發願一定要將佛法一代一代的延續，讓子孫都能得受法益。

知足心常樂

所謂「人有誠心，佛有感應」，比羅陀始終一心謹記父親遺訓，並對佛法深具信心，縱使家中一貧如洗，也不敢怠慢，仍能以歡喜、恭敬和誠懇的心供養佛陀及眾比丘，更堅持奉行行道者的德行，才能感召不可思議的福報。

所以，只要對佛法深信不疑，並能依教奉行，時刻不離精進心、長遠心，如此一點一滴改惡修善，無論世間法、出世間法都會日有所成。

做自己的真正主人

古時候有一位證到阿羅漢果位的修行人，住在深山中保任。山腳下的村落裡，有一位七歲神童，由於他宿世的善根，小小年紀就體會到人世的無常與短暫，一心想探究生命來自何處？歸向那裡？於是辭別母親，出外尋師訪道。

當他來到深山時，巧遇阿羅漢，便請求阿羅漢收他為弟子。出家後的神童恭敬的隨侍在師父身旁，依照師父的教導用功，不論是誦經、打坐、參禪，他都能一心專注，心無旁騖，很快的就契悟到這念心。在師父的指導之下，神童繼續不斷的在這念心上用功，不到一年，他的修行就達到能眼觀一切處、耳聞一切聲，並且通曉宿世一切因緣。

有一天，神童入定，在定中觀察到自己過去生，不禁歎然一笑；阿羅漢就問他：「為什麼因緣而笑？」神童回答：「我在這個人世間，曾經五次投胎在五個家庭。第一位母親生我的時候，鄰家也同時產下一子，但是我與第一位母親的因緣非常短，出生後僅僅幾日我就夭折了，第一位母親常常因為看見隔壁的孩子而觸景傷情。

當投胎到第二位母親家，我在最討喜的年齡就又夭折了。第二位母親因為一直思念她活潑、聰明、可愛的孩子，心中抑鬱、悲痛、憂傷。

第三位母親生我後，不到十年，我又匆匆離開人世。我與第四位母親還是緣薄，在未滿二十歲的時候因為意外而死；這二十年來的相處，一旦死別，母親始終憂傷、絕望、無奈，生活在無止境的苦悶中。

這一生，我是第五位母親的孩子，由於自己內心渴望瞭解生命的真相，七歲時決定辭別母親，尋師求道。感恩師父的慈悲教導，指出一條菩提大道，成就了弟子的道業。我在定中，看到今世的母親在家中日夜啼哭，說：『我的孩子為了學道而離家，不知道身在何處？不知道是否挨餓受凍？如今生死未卜，也不知道能否再相見？』」

「每一世的母親都為了我這個孩子愁憂悲苦，由於自己已經知道宿世的因緣，瞭解生命的真相，生命的長河是無止境的流動，每一生、每一世都更換不同的身形來到世間。這個身體或為男，或為女，或高、或矮，或窮或富，生命的時間或長或短，都有它的前因與後果，一切都是因緣和合而有，緣盡就消失了。

即便曾為母子，當因緣結束後，換了不同的身形，就算兩人擦身而過，卻也互不相識，但世人看不清這緣起緣滅的真相，往往為聚散離合悲喜交加，迷失自己的本心本性。

我現在已不再受生死輪迴的苦果，因此憐憫五位母親為情羈絆，五位母親反而感歎我命薄，如果能讓母親們瞭解生命的真相，她們就不會再愁憂苦惱了，這才是報父母恩的最佳方式呀！」

「世上的人不知有生就必定有死，且生離死別皆在轉眼之間，所以整日追求名利情欲，始終身陷生死的泥沼中無法自拔。慶幸自己及早覺醒，入山求道，蒙佛恩及師恩啟發教導，收攝六根，不造諸業，不起妄念，心地清淨，才能夠早成道果，得神通力，見到過去生的種種事情。這令我更加滑念世人，如果不卸下情愛的枷鎖，又怎能出離生死的輪迴呢？但眾生的根器尚未成熟，如果現在勸告他們，只會引發爭執罷了；想到這裡，我也只能歎然而笑。」

神童遂說一語：「**不斷恩愛索，奮飛難如志；不離情識障，如何脫生死？誰為真種子，其惟自覺悟，眾生根未熟，勸化變齟齬，去矣複何言，一笑當慧炬。**」說畢，便現神通飛身而去。

知足心常樂

世人往往將情愛視為甜蜜，殊不知飲用一滴即令人醉，不僅迷失人生方向，更受情愛纏縛，難得解脫。

了知生死流轉源於愛執，就能將對自我、他身的愛著，轉化為「無緣大慈、同體大悲」的菩薩精神，做自己真正的主人，創造生命的最大價值！

阿育王施福德降服龍王

「我這輩子沒有任何事是做不到的。」古印度摩羯陀國阿育王這樣說著。的確，從小生長在皇宮的阿育王自出世以來，便茶來伸手、飯來張口，一切大小事情皆有侍臣奴婢為他用心打點，乃至於成年後登上王位建立孔雀王朝，帶領軍旅南征北討，皆攻無不克，戰無不勝，因此各地之大小國王亦俯首稱臣，方圓二十八萬里內盡是阿育王的屬地。阿育王這句話，說得可真是名副其實。

然而，這時阿育王卻歎了口氣：「唉，只是住在北方池裡的龍王獨獨不肯降服於我。」

這真是個令阿育王傷透腦筋的問題。原來在國境北方有一廣三百餘里的池塘，其中龍王因晝夜供養佛舍利一分，而有大威德神力，阿育王三次率軍領象、馬、車、步等四部隊，前往征討皆無功而返。

「嗯……想必是龍王供養佛舍利的功德逾越於我，使得朕用盡了所有辦法，龍王始終無視於我的存在。來人呀！快修立塔寺、齋僧供佛、供養三寶，朕要培德植福。」

在阿育王急切的催促下，全國各地紛紛開始興建寺院，設壇延請高僧講經說法，令全國子民普沾法雨，同生法悅，一時間僧侶來往不息，國內人人法喜充滿，得大利益。

過了一段時日，阿育王思忖著：「不知如今出征的機緣成熟了沒有？朕的福德與龍王的福德究竟誰大？」阿育王畢竟是聰明多智、善於變通的。不久，他便想了個絕佳妙計——以同樣品質的金子，打造一尊自身塑像，一座龍王雕像，並分別置於秤子的兩頭稱其重量。第一回合稱時，龍重王輕，於是，阿育王皺著眉頭下令繼續行大佈施，請高僧們轉大法輪。過不了多久再稱，兩像輕重平衡，阿育王終於露出一絲微笑：「看來，我的決定是對的。糧官！開放糧倉，賑濟全國孤苦無依的弱者。」

又過了一段時日，阿育王懷著忐忑不安的心情將兩座塑像放上秤子兩邊，當他瞧見自己的肖像向下沉時，不禁哈哈大笑，欣喜若狂的宣佈準備出征的消息：「走吧！咱們攻打龍王去，這回必能大獲全勝。」

當阿育王率領十萬大軍行至路半，忽然看見遠方似乎有人擋在路中央。不一會兒前鋒部隊的將領便揮著馬鞭騎著快馬趕到阿育王跟前回報：「大王，龍王及龍族大小眷屬已在前恭候大王多時，準備請降。」阿育王於是駕著馬迎上前去，下馬扶起跪在地上的龍王，並接受了龍王所貢奉的佛舍利。

從此以後，阿育王便以恭敬心供養佛舍利，並建八萬四千寶塔，弘揚佛法，廣闡佛法不輟。

知足心常樂

由於三寶在世間，使得佛法能弘揚十方，讓眾生能夠認識真理，得到出世解脫的利益，為世間人最上福田。恭敬供養者，能得無量福報。今生有幸得遇正法，更應把握因緣，精進努力，廣修福慧，期能克期取證，道業早成！

擁有正確的知見觀念

昔日，佛陀在舍衛國講經說法時，有一年長比丘，名叫般特，因稟性愚鈍，所以慈悲的佛陀請門下五百位已證得羅漢果位的弟子輪流教導他，但是三年下來，他連一首偈子也記不起來。漸漸地，般特比丘愚笨的消息傳遍了全國，被大家當作茶餘飯後的話題。

佛陀知道後，心生慈憫，對般特比丘說：「今日我親自教導你一首偈子，你當牢記心底，時時專心誦持，作為你用功的法門。這首偈子就是『**守口攝意身莫犯，如是行者得度世。**』」

般特比丘聽了之後心領神會，立刻歡喜的誦持這三年來他唯一能記住的偈子。世尊又諄諄告誡他：「你年紀這麼大了，才記得這首一般人早已耳熟能詳的偈子，實在不足為奇，所以你一定要瞭解它的含意，才能用得上功。」於是佛陀為般特比丘開示偈子的意義，說明身口意最常造作的過失，並且叮嚀他要時時保持覺性，觀照心念的生滅。眾生於三界內流轉生死，不管是升天享福、或深陷地獄、或悟道解脫，皆是由這念因心所生。只要能清淨身、口、意三業，自然能證得涅盤解脫。

接著，佛陀又說了無量妙法，般特比丘聽了之後，心開意解，當下證得羅漢果位。

當時城中有一間精舍，住著五百位比丘尼，佛陀為了教化她們，每日都安排一位弟子前去講經說法。一天，比丘尼們聽說隔日要來為她們說法的人竟是般特比丘，都覺得非常好笑，於是想出一個辦法要來捉弄他，就是故意將他唯一會念的偈子倒著念，讓他感到慚愧而不敢說法。

隔天，般特比丘到來精舍，五百位比丘尼雖然仍像以前一樣出來迎接，但在頂禮問訊時卻相視竊笑，等著看般特比丘出醜的窘相。應供完畢，般特比丘一上法座，便慚愧的說：「自己資質愚鈍，薄德才劣，所學不多，只能粗解一首偈子的含意，今天就為大眾講解這首偈子……」這時，有些年輕比丘尼正想開口捉弄他，卻怎麼也發不出聲音，才驚恐的發現自己可能冒犯了聖者，於是立刻慚愧懺悔、禮拜悔過。

般特比丘依照佛陀所說的道理，一一向她們開解，五百比丘尼攝心聆聽般特比丘的開示後，滿心歡喜，當下即證得羅漢果位。

一日，波斯匿王請佛陀及眾僧至王宮應供，佛陀見調伏大眾慢心的時機已經成熟，於是特別將缽交給般特比丘，讓他緊隨自己的身後而行。然而，到了皇宮門口，守衛一看到般特比丘，立刻箭步上前攔阻說：「身為一位法師，你連一首偈子也說不出來，你還好意思進去接受國王的供養嗎？我這個俗人，都能隨口說出幾首偈子，而你是法師，竟然這麼沒有智慧，供養你也不會有什麼功德！」於是把般特比丘獨自留在門外。

佛陀入殿升座淨手後，般特比丘突然想到佛陀的缽還在自己手上，心念一動，手臂一伸，便以神通力將缽送至佛陀的面前。在場所有人只見虛空突然現出一隻手，而不見任何身影，驚訝萬分的問佛陀：「這是何人的手臂？」佛陀說：「是般特比丘的手臂。他最近已成道證果，因今日入宮，被守衛擋在門外，所以才以神通為我送缽來。」

波斯匿王問佛陀：「聽說般特比丘一向資質愚鈍，是什麼因緣使他才聽聞一首偈子，就能得道？」

佛陀開示與會四眾弟子：「成道的因緣，不在所學的教理多寡，而是在受用行持上。般特比丘雖然只懂得一首偈子，但是他一心虔敬受持，自然能夠心領神會，當下身口意三業清淨如雨後天霽。反觀世人學佛，雖強記多聞，卻不能時時觀照思維，在行住坐臥中精進落實，只不過將佛法當成世間知識學習，所以無法受用。」

於是佛陀為大眾說了一首偈語：「**雖誦千章，句義不正，不如一要，聞可滅惡。雖誦千言，不義何益，不如一義，聞行可度。雖多誦經，不解何益，解一法句，行可得道。**」

佛陀說完偈語後，在場的三百位比丘心開意解，當下證得阿羅漢果，而國王、大臣、夫人、太子們，莫不歡喜奉行。

知足心常樂

擁有正確的知見觀念，才是開啟智慧和幸福之鑰。經云：「從聞思修，入三摩地」，修行不在所學的教理多寡，而是要能思維其義，覺照自心，落實於日常生活中。如此智能日增，煩惱日減，心念逐漸清淨，就能「轉識成智」。亦如般特比丘但解一偈，依然能得道度人，不但自受用，亦能利益廣大眾生。

曾經聰明的迦毗黎

清早，佛陀與弟子們經過犁越河畔，要前往毗舍離城時，發現有一艘漁船捕到一條大魚，可是怎麼也拉不上來……最後，五百位漁夫召集了五百位牧牛人，連同牲口，拼著命、氣喘吁吁的，總算把大魚拉上岸。

一看，大家不禁倒退了好幾步，寒毛直豎，因為這條魚身上，竟然長了上百個頭！有的像驢，有的像馬、駱駝、虎、狼、猿猴、狐狸，豬頭、狗臉……叫得出名字的、從未見過的，一應俱全。

佛陀獨步安詳的走到百頭魚身邊，殷殷詢問了三次：「你是迦毗黎嗎？」魚皆答：「是。」世尊又問：「當初教養你的人，現在在什麼地方呢？」魚說：「她墮入阿鼻地獄，苦不堪言……」聽到百頭魚會說話，大眾的疑惑更深了，於是多聞第一的阿難，恭敬的走向前去，請世尊為大眾開示百頭魚的因緣果報……

在迦葉佛時代，有一位婆羅門之子，名叫迦毗黎。迦毗黎非常聰明好學，從小到大，無論在什麼團體中，他的表現都非常傑出，從不曾讓老來得子的父母失望。不久以後，迦毗黎的父親過世了，年老的母親對迦毗黎有了更深的冀望。

一次，她問迦毗黎：「孩子啊，你這麼聰明，天底下沒有人比得過你吧？」迦毗黎誠實的回答：「母親，迦葉佛的智能太廣大了，我實在追不上他啊！任何人有疑問去請教迦葉佛，都能得到滿意的回答；可是，這些問題，我卻都答不出來。」

母親說：「那麼你何不去學佛法呢？這樣，你就不會輸給他了。」「母親，您不明白，一切佛法，以恭敬為本。為成無上大道，必須發恭敬心出家，上求佛道、下化眾生，才能真正體悟佛法的奧義。」迦毗黎回答。迦毗黎的母親有些猶豫了，因為她只有這麼一個兒子，怎麼捨得讓他出家呢？但她又忍不下這口氣，於是一咬牙：「好，就讓你去出家學佛，可是我們約定在先，一旦學成了，你就要趕快回來孝順我。」

單純的迦毗黎進入了僧團，開始研讀佛法，以他的聰明才智，很快就瞭解經典的道理。他的母親也時常去探望他，每隔一段時間，母親就會滿心期待的問：「孩子啊，你現在學得怎麼樣了，可以勝過迦葉佛了吧？」可是迦毗黎一次又一次搖頭回答，讓她的心情跌落谷底……

終於，迦毗黎的母親忍不住對他說：「我教你，以後只要有人說法勝過你，你就用不屑的口氣回罵他：『你們真是太愚癡了，沒見識！比豬頭還不如……』這樣，就沒有人敢再說下去，或者譏笑你了。」

迦毗黎雖然知道生氣罵人不對，但是，一想到自己一向都拿第一名，現在卻怎麼追也追不上迦葉佛，他的心裡不禁急躁了起來。所以他真的開始用罵人的方法，來掩飾自己的不足。日子一天天過去了，原本善良的迦毗黎，變得愈來愈傲慢，愈來愈口不擇言，用他能想到的一切動物來罵人，如：豬頭、狗臉、驢頭、馬臉、猴臉……等來侮蔑一位又一位的聖者。

「如此深重惡業，使迦毗黎招感墮為水族的惡果，身上長滿了百餘顆畜生頭，猶如無數毒瘤。」佛陀的聲音中，流露著無限的悲憫，教化了一旁聽法的大眾。

知足心常樂

聰明才智可能帶來一時的榮耀，但是卻無法克服侵蝕理性的惡念；清明的智能，是煩惱暗宅中的明燈，能破除惡見。正知正見猶若良藥，而善知識則如調配藥方的醫者，欲除心中煩惱之毒，須先識得良醫，並按部就班的服藥。切莫輕信來路不明的「祕方」，否則，非但無法解毒，反倒加重了病情。行者，當以恭敬之心淨信正法——皈依佛，禮敬一切有情本具的佛性；皈依法，以謙卑心修學無量法門，深信因果；皈依僧，反省檢討，自淨其意，恆修戒定慧三無漏學。相信，化度了自心的貪嗔癡慢疑，清淨的智能必能現前。

果報無衣的女子

這天，坐在龍椅上的國王顯得鬱鬱寡歡，一旁的弄臣見主子悶悶不樂，就唱道：「心中有何事，不如說來聽。」國王回答：「其實也沒啥大事，不過覺得每天上朝、退朝，這一成不變的日子令朕覺得有些無趣。」「生活既無趣，何不去狩獵？」弄臣邊唱邊跳，做出拉弓的姿勢，嬉皮笑臉的模樣，逗得國王哈哈大笑，「好好好……咱們就去打獵！」

於是，國王帶著隨從們到廣大的山林藪澤之地去狩獵。在一望無際的山野中躍馬奔騰、盡情馳騁，是件多麼愉快的事啊！不知不覺就忘了時間。當國王覺得疲累而停頓下來時，口渴、饑餓的感覺霎時全擁了上來。可是，已經到了山林的深處，實在沒有體力回到皇宮，隨從們也想不出好辦法，因為他們也是疲憊不堪。這時，疲乏的國王心裡想，如果能找到人家，要些吃的、喝的該有多好！就在國王的念頭起時，弄臣回報：「大王，前頭濃密的樹林中，隱隱約約有間木屋，可以到那兒去討些水和食物。」

於是大夥來到木屋前，弄臣進了屋裡很快就抱著水果、食物與飲水走出來，並唱道：「屋中有女人，賜爾諸飲食。」在國王最迫切急需的時候，這些適時而得的一切，無疑是如珍寶一般可貴；國王口裡沒說，心裡可是感激萬分。國王想要親自向提供水果、食物與飲水的女子道謝。

國王命弄臣請女子出來，弄臣說：「此人裸無衣，不敢至汝前。」國王聽了立刻解下披在自己身上的披風，命弄臣送給屋中女子，誰知道當弄臣接過披風後，這披風竟然無緣無故燒了起來，國王覺得奇怪，又脫下了身上的外套，然而外套又無火自焚，國王驚訝極了，大聲的向屋內女子問道：「怎麼會這樣？是妳不願意見朕而放火燒衣嗎？」

屋內的女子幽幽的回答：「大王，我是您前世的妻子。在過去的一生中，大王深信佛法，經常佈施設齋、供佛及僧，是位虔誠的佛弟子。有一回，您發心齋僧，又打算以上好的衣物供養僧眾，我當時愚昧，要您別供衣，僅供齋食就可以了。因此，我現在受無衣可著的惡報。大王啊！如果您還顧念我們過去曾經是夫妻的情分，請您回去以後，找尋通曉佛經的沙門，為我薦亡超度，並且以我的名義製作衣服，供養修道人，這樣我才能脫離這個罪報苦海。」

國王回去以後，立刻下詔迎請全國熟知佛典的出家沙門。但是一連過了數天，卻連一位修道人也找不到。唉！去那裡才能求到佛法？求到出家沙門？自己雖貴為一國之君，可是對這件事卻是一點辦法也沒有！這人生，確實是有自己辦不到的事啊！縱然有國土、有珍寶，又有什麼用呢？眼前的事，看來似乎一籌莫展。

群臣都在思索，有沒有其他的方法？忽然弄臣想到專門為人辦理喪葬事宜的度父，就唱道：「度脫王妻實有法，只要詢問舍度父。」國王聽了跳了起來，「是啊，我怎麼忘了為人辦理喪葬後事的度父呢？最瞭解此事的就是他們了！」

於是國王立刻將全國最資深的度父都傳進宮裡來商量這件事。有一位度父說：「要找佛經？我有。從前有一戶喪家沒有錢償債，就給我一部『五戒經』當作報酬，現在還放在家裡呢！」國王說：「既然你能為我的亡妻超度，這些衣服就供養你吧！」國王一面說一面將做好的新衣交給了度父。

於是度父就為國王的亡妻誦經超度，願她早日超生善道，往生淨土，離苦得樂。果報無衣的裸女在度父誦經的當下，頓時有新衣著身，脫離鬼道，升於天上。

知足心常樂

心中惡念的因，未來是苦澀的果，妨礙他人施行善法，亦復如是。佛經云：「睹人施道，助之歡喜，得福甚大。」所有的因果離不開最初的發心，我們的心念，決定了人生的去向；即使現實的因緣，使我們無法在事相上廣行佈施，但是由衷的隨喜讚歎，都表示我們有著與施道人一樣志向善道的發心，寬廣的心量、心中沒有嫉妒譭謗的惡念，就是慈悲、智慧、光明；而且，在隨喜讚歎中我們也分享了當事人的法喜與功德，心中喜樂，就是生命最寶貴的源泉。

結仇怨的兄弟遇到佛陀

古印度的舍衛國中，有一位辛苦的父親，獨力撫養一對兄弟。兄弟倆感情很不好，從小打打鬧鬧，誰也不讓誰，若是父親告誡哥哥要慈愛幼弟，哥哥則會頂嘴說道：「你看你多偏心，專疼小兒子。」父親只好轉而教導弟弟要尊重長兄，沒想到弟弟嗔心大起：「你不明是非，是哥哥霸道，有錯在先。」就這樣，哥哥怪弟弟不懂事，弟弟怨哥哥不講理，兩人讓父親傷透了腦筋、也傷透了心。

日子一天天的過去，兄弟倆從小時候搶玩具、爭對錯，到長大後開始爭田產、分家業。年邁的父親再也勸不動、管不了，只能默默的在旁垂淚哀歎，祈求奇蹟出現，能有善知識來教化這兩個冥頑不靈的孩子。

這天，一位好心的鄰人勸道：「你們兄弟倆再這樣吵下去也不是辦法，乾脆到國王那兒，請國王評評理吧！」於是，心中充滿怨懟的兩兄弟，為了不讓對方先聲奪人，儘管烈日當頭，均使盡全力，連走帶跑地前往皇宮。兄弟倆沿途為了誰對誰錯，還是你來我往，爭吵不休。就在兩人氣喘吁吁、口乾舌燥的當下，佛陀迎面而來，他們看到面貌莊嚴、徐步安祥的佛陀，頓時忘卻爭吵。他們深為佛陀所散發出來的威德所攝受，於是不約而同的迎上前去問訊禮拜，並且詢問佛陀的稱號。

佛陀微笑的看著因緣甚深的兩人，以柔軟悅耳的音聲，善巧譬喻，為說嗔心的過患：若人放縱心中的貪婪與嗔恚，猶如釋放毒蛇與惡獸，在他人受害前，自己早已被惡毒的汁液所腐蝕，功德福報都將消失殆盡。佛陀繼而又為他們開演種種妙法，兄弟二人專注聽法的當下，智能開顯，煩惱蠲除，當下證得阿羅漢的果位。

回到家後，兩兄弟至誠的向父親懺悔，並且說出自己得道的因緣，年老的父親聽了之後，歡喜不已，心中的擔子終於可以卸下。過了不久，老父親命終舍報，因法喜感恩的善念，往生至天上。他為了感念佛陀的恩澤，來到佛前，頂禮供養，佛陀也為其說法，當下即證須陀洹果。

知足心常樂

眾生所結因緣有善惡、深淺之別，但是如能同入佛法大海，即如四流歸賦一味，必能解冤釋結，頓捨情愛牽纏，同沾法益。所以，不論冤親敵友，若能夠彼此提攜，互相接引，轉惡緣為善緣、化塵緣為法緣，是生命中最有意義的事，修行路上也必能有所成就。

天人教導妻兒

小村落裡有一戶人家，每天早晚都傳出清朗的誦經聲。主人廣德是一位在年輕時就受了三皈、五戒的佛弟子，現在雖然已經步入中年，仍然非常精進用功，而且持守戒律，從不違犯。

世間的事情總是無常、不能預料的，一天，廣德忽然得了重病，始終不見起色。他的妻子焦急得不得了，憂心忡忡的問醫生：「請問醫生，廣德的病什麼時候會好起來？」

「唉！那要看廣德的造化了。」醫生搖著頭說。

沒過多久，廣德就撒手人寰，留下了悲痛哀傷的妻兒。失去依靠的妻子，終日生活在思念和回憶當中，要不就唉聲歎氣，意志消沉，對於學佛再也不像廣德在世時一般的精進用功。而且，常常殺豬宰羊準備了很多祭品，到廣德的墳上祭拜哭泣。

廣德因為生前精進用功、持戒清淨的功德，早已升到天界成為天人。用天眼看到前一世的親人祭祀他的這幕光景，不禁想著：「妻兒們實在太愚癡了！這樣不斷的殺生祭祀，將來的果報是很可怕的，我應該去度他們好好用功。」於是，他化身為放牛的牧童，趕著牛經過過去生自己的家門口。

就在這時，牛兒突然間倒地死了，牧童傷心的哭著，邊哭邊將新鮮的青草放在牛嘴邊，喊著：「來！趕快吃吧，吃飽還要趕路。牛啊，怎麼還不動，快走呀！」這時，廣德的家人聞聲出來，對牧童說：「你是哪家的小孩？怎麼這麼傻！牛死了你應該趕緊回家告訴你父母才對，你在這裡哭，又對著死牛喊叫，沒有用的。牠已經死了，你還餵牠吃草，牠怎麼會吃？真是傻瓜！」

牧童回答：「我才不傻呢！你的父親已經過世，而且火化了，你們還是常常在他的墓前擺宴祭祀，又號啕大哭，那豈不是更傻？」廣德的家人聽了，想一想，「可不是和這個牧童一樣傻嗎？」頓時豁然有所省悟。於是牧童恢復了天人的形象。

「我前生是你們的父親，因為我持守戒律，不殺害有生命的眾生，而且斷惡修善，依照著佛經的道理精進用功，所以我已經升在天界。今天我是特地來告訴你們我的狀況，並且勸你們不要再殺生祭祀。記住！要像我以前一樣的誦經、禮佛，精進用功，對你們才有真正的功德利益。」

從此以後，廣德的家人不再難過，不但供養三寶、佈施濟貧，而且全家都很精進用功，一個一個都成道證果，出離了生死輪迴。

知足心常樂

修行最大的福報，是得遇善知識的接引。然而善知識所指引的是一個方向，要到達目的地還是要靠我們自己努力去實踐。

德山禪師的參禪佚事

德山宣鑒禪師，俗姓周，唐朝四川人。少年出家，用心鑽研佛經，尤其對《金剛經》研習深入。當他聽說南方禪宗興起了「直指人心，見性成佛」，心中很是憤慨，為了南下找禪僧辯論，他離開了故鄉蜀國，趕到澧州。途中，他向茶店裡的老婆婆買點心吃。

老婆婆問他：「和尚揹的是什麼書啊？」

德山答：「是《青龍疏鈔》。」（這是唐代青龍寺和尚奉唐玄宗詔令為《金剛經》作的書）

老婆婆問：「它是講什麼的？」

德山說：「是講解《金剛經》的。」

老婆婆又說：「那我問你個問題，你要是答得出，我就給你點心；你要是答不出，就請走開。《金剛經》裡面有過去心不可得，現在心不可得，未來心不可得的文字，和尚你要點心，請問你要點哪個心？」

德山給老婆婆這一問，直落得張口結舌，一句話也答不出來。

點心，本是口頭詞語，指用來充饑的糕餅等零食。老婆婆卻巧用漢語一字多義的特點，把「點心」的「心」說成是大乘空宗所宣揚的抽象本體：真心，也就是清淨心或佛心、佛性。

於是德山想，一個茶店的老婆婆都能問得如此高妙，肯定附近有高僧。他就向老婆婆打聽，老婆婆告訴他五里之外有龍潭寺，住持就是龍潭崇信禪師。德山便按老婆婆指點去參學龍潭和尚。

那天到了龍潭禪院，德山剛到就問：「我早就嚮往龍潭，可是到這裡，卻不見潭，也不見龍。」龍潭和尚從屏風後走出來告訴德山：「你已經到了龍潭了。」

德山與龍潭和尚進行了一番論戰之後，就決定在龍潭寺住下了。

一天夜裡，他侍立在龍潭身邊，龍潭說：「夜已深了，你先退下去休息吧。」德山就向龍潭道別，掀起簾子往外就走，但外面漆黑一團，德山不得不折返回來，說：「外面漆黑」。

龍潭便點燃一枝燭火遞給德山。德山正想接過來，龍潭卻又把燭火吹熄了。德山頓時豁然開悟：明亮或黑暗，只是特定條件下的暫時現象，一旦條件消失，明和暗也就不復存在，而人的清淨本心不會被外在的明或暗迷惑困擾。外面黑，正是當時德山的心境，即正坐在百尺竿頭，如果機緣成熟了，就會打破這種三昧，獲得自覺，這時人才會悟道。

德山從此悟出了「明心見性」的南宗妙趣，不再拘泥於佛經。德山和尚在龍潭禪院大悟之後，起腳趕往溈山禪院參學。當他一身風塵僕僕的出現在法堂上，從東走到西，從西走到東，四下環顧，說一句：「沒人是我的對手，沒人。」便走出法堂。

德山來到禪院門口，轉念一想，不可過於無禮，於是重整僧家威儀，與溈山住持相見。德山來到溈山跟前，擺下坐具，認真禮拜，恭敬的叫一聲：「老師。」

溈山悠然舉拂以示。德山當即大喝一聲，拂袖而去。

德山離開法堂，邁開大步走出了山門。溈山當晚親問首座：「今天來的雲水僧住在哪裡？」首座回答：「那僧當即就離去了。」溈山仰天道：「那個僧人今後將在孤峰頂上結草庵，幹出呵佛罵祖的事！」孤峰頂即指平等如一，真空無相的悟境。

後來事情果然如同溈山所說，德山經常跟弟子們說達摩是老臊胡，文殊、普賢是挑糞漢等等。一次，德山對弟子們說：「問即有過，不問猶乖。」一個弟子聽了，就出來禮拜。德山舉起棍子就打了過去。

弟子說：「我才開始禮拜，老師為什麼打我？」

德山說：「等你開口再打，就遲了。」並告訴眾弟子說：「道得也三十棒，道不得也三十棒。」無論說得好、問得妙的人還是說得壞、問得笨的人都要挨一頓打。為什麼？因為德山說過：「我宗無語句，實無一法與人。」

禪宗認為語言文字無法精確的表達真理和智慧，真理和智慧總是不斷的突破、完善自身，一旦用言語表述，就會落入語詞的窠臼，受到限制和束縛。到了晚年後，有一天，寺內的齋飯因事耽擱了一陣，弄晚了。德山和尚手捧著飯缽，走到齋堂裡面。

典座雪峰見狀揶揄道：「這老漢，鼎鐘未鳴，寺鼓未敲，他捧著飯缽要到哪裡去？」老德山讓弟子搶白了一頓，但他仍不言不語，像無事似的回到了方丈寮。

這一故事成為千古美談。有人敬仰德山虛懷若谷的境界，著語道：「始隨芳草去，又逐落花回。」，另有些人還嫌程度不夠填寫道：「雇他癡聖人，擔雪共填井。」

知足心常樂

「始隨芳草去，又逐落花回」，是指去回無定，不執著於一切的心境。「雇他癡聖人，擔雪共填井」，是指真正的愚者不求報酬為他人謀利益的「佛之上」的高尚境界。

雀王的慈悲佛性

森林中有一雀王，以慈悲心對待一切，視眾生如同自己的孩子一般，不僅除去眾生的苦、給予他們安樂與希望，並無微不至的慈愛教化眾生，當看見眾生因為佛法的薰陶而得到法益時，雀王內心也感到無比的歡喜！

有一天，一隻老虎正虛弱的趴在地上，不時發出痛苦的呻吟聲，原來這隻老虎吃獸肉的時候，不小心把骨頭刺進牙縫中，於是數天無法進食。

雀王看見了這情景，感歎著說：「每一尊佛都將吃當作是禍害，真的一點也沒錯！」慈悲的雀王不忍心老虎繼續受苦，決定將頭伸進老虎的嘴裡將刺拔出。

雀王日復一日的幫老虎拔刺，即使自己的嘴因此生了瘡傷，身體也漸漸羸弱，仍不間斷的持續努力，最後終於將刺拔出來。

看見老虎恢復健康，雀王也很欣慰，於是飛到樹上為他演說佛法：「佛經上提及，殺生是兇狠殘暴的行為，世間的罪惡沒有一個大於殺生之過。試想看看，如果是自己被殺害，難道會快樂嗎？應當忍耐，絕不做殺生的事。慈悲利益眾生的仁者，就如同春天般帶給眾生希望與快樂，自己也能增長福德。而殘害虐待眾生的禍害，將如影隨形，始終不會遠離。因果是絲毫不爽的，因緣成熟時必定果報還自受。你應該想一想我所說的道理啊！」

雖然雀王如此慈悲的勸導，然而老虎對於雀王的勸誡不但聽不進去，反而大發雷霆的說：「你以為你是什麼？竟然敢對我說教！剛剛真不該讓你離開我的口中，否則我一定馬上斷除你的性命。」

雀王見老虎如此難以教化，並且恩將仇報，想到老虎惡業果熟時甚可怖畏的惡報，深深的為其感到悲傷，隨即快速的離去。慈悲的雀王是釋迦牟尼佛的過去生，而兇殘、不聽勸化的老虎即是提婆達多。

知足心常樂

一切眾生皆有佛性，只因貪嗔癡的煩惱，枉造種種惡業；菩薩了知此理，發大慈悲心，忍辱精進濟拔眾苦，廣宣佛法度脫一切。深知眾生為惑所縛不得自在，所以雖遭譭謗辱罵亦不退轉；心中清明做主智光朗耀，恆於自心常安樂。

受到鼓勵的獨角牛

過去，在剎尸羅國有一位養牛人，他養了一頭獨角牛。這頭牛雖然只有一隻角，不過卻能說話，所以很得主人的疼愛。主人每天都細心的照顧他，為他清洗、梳毛和餵食，就像對待自己的孩子一樣。

一天，村裡來了另一位養牛的人，他沿著街巷自信的喊著：「我有一頭力大無比的牛，一次可以拉一百輛車。有誰家的牛敢和我的牛比賽？如果贏了，我願意出千兩黃金給他。」獨角牛聽了以後，心想：「主人每天從早到晚，盡心的照顧我，我可以藉這次機會幫他贏得這筆錢，報答他的恩情。」

於是，他對著正在為他清洗的主人說：「主人，你聽到外面的喊話嗎？你可以去跟他約定比賽時間，我一定會盡全力打贏此仗，為您得到千兩黃金。」主人聽了非常高興，因為他對獨角牛深具信心，便立即叫住喊話的人，彼此約定了比賽時間。

到了比賽當天，養牛人帶著獨角牛來到比賽的廣場，廣場早已聚滿了觀看的人潮。當獨角牛被牽出場時，大家開始竊竊私語，主人隨口對大家說：「這頭牛生來只有一隻角。」本來信心滿滿的獨角牛，聽了以後很難過，覺得很自卑，完全無心比賽。所以，很快的比賽就結束了，獨角牛輸了，主人也賠了千兩黃金。

主人氣急敗壞的問獨角牛：「你平常很有力氣啊！說好要贏得這場比賽，為我贏千兩黃金的，為什麼今天會表現這麼差？」獨角牛看著主人說：「我才剛出場，你就在眾人面前說出我的缺陷！我一出生就獨角，本來就很自卑，你還在這麼多人面前宣揚，更是令我難堪。所以，我比賽時根本就使不上力。對不起，主人，你可以在眾人面前讚歎我，不要說出我的缺陷，我一定幫你贏回千兩黃金。」

於是，主人又和那位養牛人約定比賽時間，並且把金額提高為兩千兩黃金。比賽當天，主人一開始就在大眾面前讚歎獨角牛。獨角牛果然士氣大增，一下子就獲勝，為主人贏回了兩千兩黃金。

知足心常樂

善語如花吐芬芳，懂得說話藝術的人，以慈悲心、同情心，以及積極、肯定的正面言語待人，不僅令人信受、歡喜，使人趨向光明，亦能贏得他人的敬重，廣結善緣；反之，若宣揚他人的過失、或對人惡言辱罵，不僅讓人難堪無法自處，別人也對自己敬而遠之，可說是損人不利己。故事中的獨角牛，因主人的無心詆毀而失去自信，也因主人的讚歎而奮發向上，贏得比賽。動物尚且如此，何況是人呢？

獅子白象戰毒蛇

佛陀在菩提樹下成道後，便前往王舍城宣說佛法，以度化憍陳如等人。

當時，釋提桓因、頻婆娑羅王也各帶領了八萬四千大眾，一同來到王舍城聽佛陀說法，也都因此因緣而成道證果。比丘們看到這個情形，個個莫不感到疑惑，他們恭敬的請示佛陀：「為什麼這麼多人，都能夠拔離三惡道的輪迴之苦呢？」

佛陀說：「事實上，這些人不是只有今天才被救拔，在過去生中，他們也曾經獲得救拔。」

比丘們又問：「那麼，過去生他們又是怎麼樣被救拔的呢？」

佛陀便向比丘們開示過去生的因緣：

久遠劫以前，有一群商人到海上採集寶藏，在回程途中，來到一個空曠的平原，遇到了一條約十二里長的大蟒蛇。大蟒蛇看到了這群商人，便團團的將他們圍住，使得這些商人完全無路可逃。商人們無不感到驚惶失措、恐懼害怕，每個人都高聲、至誠地求著、念著：「天神、地神，還有哪位大慈大悲者？請快來救我們！」

就在千鈞一髮的危急時刻，有一頭白象和一隻獅子，一起出現在眾人的面前，只見獅子往蟒蛇身上一跳，咬傷了蟒蛇的頭，才使得這群商人躲過了這場死亡災難。

蟒蛇受到攻擊後，便以口中的毒氣，加害於白象和獅子。在他們還有氣息、尚未斷命的時候，眾商人問他們：「你們解救我們脫離險境，我們該如何報答？你們有什麼心願嗎？」白象和獅子回答：「只願能夠成佛，度盡所有的人。」眾商人聽了大受感動，也發願：「如果你們能成佛，願我等人在初會的時候，就能夠聽聞您所證得的妙法，並且開悟得道。」聽完這席話，獅子和白象便命終了。商人們將白象和獅子火化，並為他們建了一座塔。

佛說：「當時的獅子，就是我的前身，白象就是舍利弗，當時的商主就是如今的憍陳如，而當時的帝釋就是現在的頻婆娑羅王，至於其他的商人也就是你們眼前所見這些得道的天人。」

知足心常樂

在這個故事當中，我們看到了佛陀的慈悲，不但無所求的佈施性命，來感化憍陳如等人，更發「唯求作佛度一切人」的大悲願心，啟發憍陳如等人的菩提心。由於佛陀的慈悲示現，使得憍陳如等人對於佛前身所言說者，生起堅定不移的「信心」，並從信心當中長養善根。

化沙門勸告比丘

過去佛住世時，有一比丘發心遠離塵囂，來到鄰近河邊的僻靜森林，獨自一人於樹下靜坐，心中滿懷希求能在道業上有所成就。不過這位比丘，身雖處於僻靜的林中，過著寂靜的生活，外表看似無求，但心中的欲望總是蠢蠢欲動。當今日食用到好蔬果，飲用到甜美的泉水，景色宜人，身心就舒服暢快；若遇到氣候不佳、或飲食粗糙，便心生煩惱，甚至怨天尤人。心念隨著色、聲、香、味、觸等外境起伏不定，時而歡喜、時而憂愁，心中始終無法安定，如此日復一日。

春去秋來，匆匆十二年的歲月過去了，這位比丘依然沒有得道，於是心生煩惱，想著「我如此的用功，為何還是凡夫一個？」

佛陀知道這位比丘得度的因緣即將到來，就化作一位沙門，來到比丘所居住的森林，與比丘一起精進用功。一日，當夜幕低垂，明月高掛之際，兩位比丘共同看見一隻烏龜從河中慢慢的爬上岸邊，而遠處正來了一隻饑餓的狐狸急於尋找食物。狐狸看見烏龜，張口就咬；烏龜為了保命，急急忙忙將頭、尾、四肢往殼內收。狐狸以前爪撥弄龜殼，發現無可奈何，就漸漸遠去，當狐狸離開之後，好不容易保全性命的烏龜也緩緩將頭尾、四肢向外伸展，最後又爬回河中。

兩人皆看到這一幕，比丘告訴佛陀化現成的沙門，烏龜有保護生命的龜殼，所以狐狸無法傷害他。

化成沙門的佛陀回答說：「世間的人，還比不上這隻烏龜呢！烏龜遇到危難，知道收頭尾、四肢。而世間人則完全不知無常殺鬼時時窺視，要想奪取自己的生命，反而恣情放縱眼、耳、鼻、舌、身、意六根，追逐外在的色、聲、香、味、觸、法六塵，造作種種惡業，使得煩惱魔、死魔、病魔有機可乘，就這樣隨著業力的牽引，在六道的輪轉中，永無止盡受百千萬種的苦難。這一切都是由於心念無法做主，才會感招生死流轉的苦果。」

化成沙門的佛陀接著以一首偈勸告比丘：「**藏六如龜，守意如城，慧與魔戰，勝則無患。**」比丘聽聞此偈語心開意解，斷除對世間色、聲、香、味、觸的種種貪求，專注一心修行，不久便證得阿羅漢果。

知足心常樂

修行要從六根門入，把這念心不斷的向內收。

平常六根向外攀緣、分別造作，而今反聞聞自性，反過頭來觀察這能見能聞的到底是誰？每日當中，這念覺性都在起作用；耳聞聲、眼見色、鼻嗅香、舌辨味、身觸受、意思慮；這一舉一動，乃至揚眉瞬目，都是「覺性」的殊勝妙用。世尊在菩提樹下成道時曾說：「一切眾生皆有如來智能德相，只因妄想執著而不證得。」凡夫眾生也都在起覺性之「用」，可是背覺合塵，堅執五蘊為實有，起貪嗔癡、造殺盜淫；凡聖之差僅在於此，若能提起覺性，緊守六根門頭，時刻反省，不攀緣、不執著、不起貪、嗔、癡的煩惱，自性本具的慈悲、智慧，必然光耀十方。

釋尊三事笑緣

有一天，佛陀帶著弟子經過市集時，看見一位賣魚的老人，一邊賣魚，一邊哀歎的說：「老天爺！到底我犯了什麼錯，你讓我的兒子這麼早死？如果他還活著，可以幫我賣魚，我哪會這樣操勞、辛苦啊！」佛陀慈悲地看著老人，而後輕輕一笑。頓時，佛陀的齒畔產生五色金光，照亮了老人和整個市集。一會兒，一頭滿身臭穢的大豬，身體滴著屎尿，搖搖擺擺的晃過市集，眾人此時皆掩住鼻口。佛陀看見此景，似有所感地再度露出憐憫的微笑。

阿難在一旁看到佛陀的行止，感覺不同以往，即恭敬地向佛請示：「慈悲的世尊！剛剛您看到老人哀歎而憐憫一笑，現在看到搖擺行走的大豬，也露出相同的微笑，難道其中有何特別的原因嗎？請世尊慈悲開示，以解答大眾共同的疑惑。」

佛陀於是告訴大眾，之所以會笑有三個原因：

第一，是無奈於這位老人的愚癡。想想他在溪邊捕魚時，讓無可計數的生命在他的漁網下慘遭殺害，也讓這些魚蝦，家庭破碎、骨肉相離。但是，他不曾因為魚蝦的苦，而生起絲毫的惻隱之心。如今自己的兒子因禍而死，卻怨天咒地，感歎命運對自己的不公平。因為這樣的因緣而笑。

第二，過去曾經風光不可一世，能呼風喚雨，來去自如，志得意滿的飛行皇帝，今日卻只能在魚販的叫賣中無助的苟延殘喘，連性命都自顧不暇。這個前世的天人，因為專修空想觀，修成了空定，卻執著這個想出來的空，無法歸於本心。雖然得壽八十億四千萬劫之久，然而，卻不能讓自己的罪業消弭，在福壽用盡時，定力也跟著消失，仍要受輪迴果報之苦。

阿難不解地問道：「像帝釋一樣尊貴的飛行皇帝，他所修的福德如此多廣，為何仍不能免於業報呢？」一旁的魚此時張著空洞的雙眼，似有所感。佛陀答道：「禍福其實只是暫時的假像，並不能長久。如果因為今生的富貴而志得意滿，不知繼續培福修慧，反而逆行暴施，很快的，福報享盡，就會為自己招來無數的災難和罪報。這因緣果報，如影隨形，如回應聲，不會因貴賤而有所區別。」

第三個原因，是憶起過去在行菩薩道時，曾有一世生為一位三寶弟子。每逢六齋日，便會到佛寺聽經聞法，精進行道從來不敢懈怠。因為崇信三寶，平日奉行佛法，行善不倦，又堅守五戒——不殺生、不偷盜、不邪淫、不妄語、不飲酒，因而感得在佛世出生，蒙佛說法而出家修行，從此生生世世奉持不懈，因此德行、福慧日漸增廣，而成就無上的佛果，為世所尊。

那時，隔壁的鄰人，從不相信惡有惡報、善有善報的道理，因此不學無術，四處為惡。還供奉鬼神，施放蠱魅來殘害他人。平日一有空閒，就是吃喝嫖賭、飲酒作樂。

自此之後的輪迴中，我所生之處，都是清淨的處所，能夠聽聞佛法而精進修行，圓滿佛果。而過去的這位鄰人，則因為留戀女色，荒淫無度，又不知孝順父母，因此直至今生依舊在三惡道中輪迴，未能出離，而墮為這隻糞穢的大豬。

愚癡的人，猶如典故中的賣魚老人，昧於因果而又自歎命運多舛；無有正知正見的修行人，則如長壽天人，走錯路頭，福報享盡仍要墮畜生道受苦；世上剛愎自用，生活糜爛，貪好酒色而不知節制的人，終將招糞穢豬身！此三者，都將生生世世輪迴三惡道中，沒於生死苦海而不得出離！

知足心常樂

佛法難聞今已聞！佛陀是無上大醫王，開示八萬四千醫治眾生病的法門，若能依佛的教導精進行持，定能了脫生死，不再受輪迴之苦，終究必能成就無上的菩提佛果！

三人隨喜射雀因緣果報

一天，佛陀在祇洹精舍為天人、國王及大臣廣說妙法。當其時，舍衛國中有一位修行外道的長者，財富之多難以計數。他的兒子年屆二十，新婚未滿七日，彼此相敬如賓，恩愛非常。這一天，妻子想到後花園賞景，於是夫妻倆便相偕前往。

初春三月，百花盛開，芳香無比。行經一棵高大的奈樹時，妻子被盈盈綻放的花朵吸引。她對丈夫說：「你看，這花兒好美哦！」丈夫為討妻子歡心，便爬到樹上想要摘花送給妻子。由於樹上的高枝不夠粗壯，承受不了他的重量，結果便從高大的奈樹上摔了下來，當場重傷而亡。

全家人一聽到這個噩耗，都驚慌的來到後花園，結果看到的已是了無氣息的身軀，個個莫不悲傷痛哭。各地的親戚聽到消息，也都來到長者家慰問，對於白髮人送黑髮人的痛苦，都同感哀慟！想到最親愛的兒子竟在人生中最美好的時候離開世間，長者和妻子都感到憤憤不平，他們不斷的責怪老天無眼，竟然沒有保佑兒子平安順遂！

出殯的日子終於到來，全家人面對難以割捨的別離之苦，痛不欲生！佛陀知道長者一家正籠罩在悲苦中，便前往度化。長者全家見到佛陀親臨，感動不已，立即恭敬的頂禮佛陀，接著對佛陀訴說心中的哀愁憂惱。

佛陀慈悲的說：「你們不要再悲傷了，要知道一切萬物都是生滅無常，不可能長久存在。每個人來到世間，有生就一定會死，所造的罪福，果報相隨，因此，現在一共有三個人正在為此亡者哭泣，痛苦非常，難可遏止！可以說，他實在是罪福果報之子啊！你們應該從中體會究竟何者才是吾人真實的至親！」

佛陀又說：「生命有如樹木的成長，花開了會結果，果子熟了必當掉落。有生就有苦，沒有人能逃離死亡的逼迫。眾生由於欲愛的煩惱，而投胎有了身形，這個色身日日變化，終至衰頹的死亡終點。即使死而復生，罪福不亡，善惡業報終將自作自受。」

長者聽聞佛所開示的妙法，心開意解，當下放下了憂傷。長者長跪請示：「世尊，我兒子過去曾造作什麼惡業，為何今生如此年輕就往生呢？」

佛陀說：「過去，有一個少年手持弓箭，和三個朋友一起到樹林遊玩。小孩看見停在樹梢的麻雀，便想將牠射下，在旁的三個朋友不但不勸阻，反而鼓舞他：如果你能一箭射中，那真可稱為人中健兒啊！少年一聽，興高采烈的舉起弓箭往樹上瞄準，麻雀中箭墜地而亡。他驕傲的撿起雀屍，展示他的戰果，一旁的三人也興奮得拍手大笑。此後，他們四人經歷了無數劫的生死流轉，共同為他們殺鳥的罪業而受報。

這三個見殺隨喜的人，一位因過去修福，現正在天上享福；一位投生至海中，化生為龍王；另一位就是你。而這名射箭的少年，先前投生至天上，是天人的兒子，命終後則投胎到人道，成為你的兒子。如今從樹上摔落死亡，立即化生作龍王的兒子，並在出生之際，就被金翅鳥王取走吃下。所以此時此刻分處天上、人間、海中三位父親，都在為兒子的死而悲慟哭泣。在這三處分別夭亡的兒子，就是以箭射殺麻雀的少年，由於造下殺業，所以世世短命，而在一旁隨喜讚歎殺業的三人，則同嘗失去兒子而悲泣的苦果。因果歷然，絲毫不爽，不可不慎！」於是佛陀為大眾說了一首偈語：「**識神造三界，善不善五處，陰行而默至，所往如回應。色欲不色有，一切因宿行，如種隨本像，自然報如影。**」

世尊為了讓長者更徹底的了解因果的真理，運神通之力令長者一一看宿世之因，及見天人、龍王同為失去兒子而悲傷的情景。長者看過這一切後，心開意解，長跪合掌祈請佛陀：「請佛陀慈悲應允我們全家人成為佛弟子，受持五戒為優婆塞。」佛陀為他們傳授五戒，並開示無常的道理。一家人聽聞佛所開示的殊勝妙理，個個法喜充滿，當下即證得須陀洹果。

知足心常樂

佛經云：「假使百千劫，所作業不亡，因緣會遇時，果報還自受。」罪福相追，猶回應聲，影之隨形，終無遠離。世間法不離因果的軌則，出世間法亦無法跳脫因果的報應，若能知因識果，勿因善小而不為，勿因惡小而為之，則逆境現前時，必能甘心甘受，順境得意時，亦能不為喜風所動。光明的未來，就掌握在自己的手中，只要在因地上努力，於正法中精進，必能感得清淨自在的果報。

佛為長者說四種佈施

昔日，在舍衛國有一富可敵國的婆羅門長者，名叫藍達。為了彰顯自己的名聲，連續五年，不惜竭盡家財，以外道祈福之法，設大齋會，廣行佈施，供養五千多位婆羅門無數珍貴的寶物、醫藥及飲食衣具。接受供養的婆羅門在這五年裡，亦為長者祭祀諸天、山嶽與星宿等地祇神靈，以持咒作法，希望為長者祈求無量之福。

到了圓滿五年大供養的最後一天，藍達長者更行廣大佈施，除了以金銀打造的精緻食器盛滿金粟、銀粟外，更準備了七寶服飾、鹿皮大衣、牛馬羊車、奴婢及日常所需物品，共八萬四千件供養大眾。莊嚴無比的會場，令與會的鬼神、國王、大臣、梵志、貴族等，無不歡欣喜悅。

此時，佛陀正在精舍為天人說法，見到如此情景，喟然歎言：「藍達真是可憐的愚癡者！佈施這麼多珍貴的財物，卻只能得到微薄的福報。若不立即教示，將永離勝妙法門，無法得到真實的利益。」於是世尊特地前去度化藍達長者，並以神通力從地湧出，放大光明，普照與會大眾。

藍達長者及大眾立即至誠頂禮佛陀。世尊見眾人皆有恭敬之心，於是為大眾說：

「月千反祠，終身不徹。不如須臾，一心念法。一念造福，勝彼終身。雖終百歲，

侍奉火神。不如須臾，供養三尊。一供養福，勝彼百年。」

佛陀說：「佈施有四種層次，就像農地有肥沃貧瘠之別，收成自然就會不同：一者、施多得福少，也就是愚癡之人花費大量錢財，卻以殺生的方式祭祀鬼神，並且還喝酒跳舞，不僅無法增長福報，亦沒有智慧。二者、施少得福少，即是以慳貪惡心，佈施給心外求道的修行者。由於二者都是愚癡之人，所以沒有福報。三者、施少得福多，就是以善心供養精進、有德行的修道者。佈施雖少，福報卻很大。四者、施多得福多，是指覺悟到世間無常的賢者，以清淨心佈施錢財建造塔寺，供養三寶衣食、臥具、醫藥等。這種清淨圓滿的佈施，具足無上福德，如五河流入大海，生生世世長流不斷。」

此時，藍達長者及與會大眾聞佛開示，皆大法喜。諸天人神心開意解，即證須陀洹果，五千多位婆羅門發心隨佛出家修行，與道相應。藍達長者全家亦受持五戒，發願勤修正法，廣積福德。國王及眾臣也歡喜地受持三皈依，明瞭佛法真理。

知足心常樂

六度萬行，「佈施」為首。佈施如同在田地上播種，因緣和合時，就會開花結果。然而，發心佈施要有智慧，若能以清淨心供養三寶，就如同在沃土播種，果實必定豐碩肥厚。三寶，是度脫眾生捨離老病死海之堅牢船，以清淨心、恭敬心、歡喜心供養三寶，令正法久住，必能為自己及大眾開創光明的未來。

月氏國王與三智臣

久遠以前，月氏國國王栴尼罽吒結交了三位智能的賢者，第一位是馬鳴菩薩、第二位是摩吒羅大臣、第三位是遮羅迦醫生。國王對這三人非常禮遇，他們常隨左右，時時提供智慧的建議。

一天，馬鳴菩薩向國王說：「如果國王能依照我的話如法修行，來世必逢善緣，永離惡難。」

摩吒羅大臣也對國王說：「如果國王採納我的密策，並且守口如瓶，您將戰無不勝，普天下之人皆會前來歸順。」

遮羅迦醫生則說道：「國王，如果您能聽從我的建議，這一生不但不會遭遇橫死，並可隨心所欲享用各種美味，身心調適無所憂慮。」

國王果真聽從了良醫的話，身心康泰，沒有任何病苦，於是他採納了大臣的密策，開始擴展國土。月氏國軍隊所到之處，無可匹敵，四海之內，三方咸定，只剩東方尚未降伏。於是國王整飭兵馬，繼續東征，先派遣胡人及大象為先鋒，自己緊隨在後。當軍隊來到蔥嶺，闖過了種種險峻關卡，所乘的象、馬卻不肯再往前走。國王甚為驚訝，拍拍馬背說：「我過去騎著你南征北討，如今只剩東方未定，為何你現在不肯再往前走了呢？」

這時，摩吒羅大臣對國王說：「微臣先前已奏明國王，不能向外透露任何消息，但是國王您卻洩露了密策，如今性命岌岌可危。」

國王自知死期不遠，心裡非常恐慌，尤其一路南征北伐，殺害三億多人，必定會嘗受惡果，剎時間對自己過去的作為升起大慚愧心、大懺悔心。於是，國王終於聽從了馬鳴菩薩的教導，清淨持戒、勤修塔寺、廣建僧房，並且供養僧眾，修種種功德，精進不已。

朝中大臣見到國王如此顯著的改變，不禁疑惑：「國王連年揮軍，殺戮於戰場之上，如今雖然廣修福德，但逝者已矣，又能對過去的錯誤產生什麼彌補與說明？」

國王為解除大眾的疑惑，於是請大臣煮一大鍋沸水，七日七夜柴火不斷，保持沸騰，最後將一只指環丟進鍋中，令大臣赤手撿取。

諸大臣聽了，紛紛表示無法取得這個指環，寧願以其他罪名就死。國王問：「難道真的沒有辦法取回這只指環嗎？」

大臣們說：「必須先把鍋下的柴薪滅了，再往鍋中注入大量冷水，如此降低溫度，才能不傷人手，撿回指環。」

國王說：「我先前為了擴張國土廣造惡業，就好比那鍋七日七夜柴薪不斷的滾水。現在馬鳴菩薩教導我對過去的罪業至誠懺悔，就像抽掉鍋下的柴薪，使之熄滅；又教導我持戒、精進、廣修供養，增長福德，就像在滾水中注入大量的冷水，滾水自然會漸漸清涼。所以現在修善斷惡，來世可免墮三塗惡道，得人天果報。」群臣聽了，個個心開意解，紛紛讚歎馬鳴菩薩的智能。

知足心常樂

經云：「世間無常，國土危脆，四大苦空，五陰無我。」眾生總是看不清世間的真相，而盲目的追求外在虛空而無常的事物。就像月氏國國王，只知追求長壽、名利而迷失自己，造作種種惡業。

所謂「罪從心起將心懺，心若亡時罪亦亡，心亡罪滅兩俱空，是則名為真懺悔。」只要我們能真心懺悔罪愆，從而改過向善，清淨身口意三業，必能重新開拓光明的人生。

引導自己趨向正道

古印度憍薩羅國的舍衛城中，住著一位婆羅門，他天生聰穎靈敏、心思縝密，且擁有無數財寶，富可敵國，一生中幾乎沒有他想要而得不到的事物，城中的居民因而對他百般羨慕。

這聽來似乎是件再好不過的事，但事實上，這卻是阻礙他親近佛法的最大原因。正因為他什麼都有，因此他總認為自己什麼都不缺，自然不會想到因緣果報、植福培福的事。他常說：「佈施是浪費金錢，行善是無益之舉。」然而，過去生中他也曾親近佛法用功修行，深植著宿世的善根，與佛法有甚深因緣，終於，他得度的因緣即將成熟……

一天正午，佛陀十大弟子中號稱智慧第一的舍利弗尊者，在定中觀察到這位婆羅門的過去生，曾積極佈施行善，因此今生感得如此殊勝的果報，但假使他今生不改慳吝的惡習，此生結束後必墮畜生、餓鬼、地獄道，達百千萬年之久。舍利弗尊者不忍見到婆羅門將來流轉惡道，求出無期，於是決定前往度化。

尊者當下現神足通使自己變現在婆羅門面前，手持瓦缽立定不動，此時正坐下來準備用餐的婆羅門，見到突然而至的舍利弗尊者，勃然大怒，平時就看不起乞食行者的他，本來正準備破口大罵，但是當他張口時，忽然心生一計——他要讓這討厭的出家人自討沒趣……。

於是婆羅門轉身坐下，對於舍利弗尊者像是沒看到似的，既不驅逐也不表示歡迎之意，只自顧自的用餐。過了好一會兒，婆羅門吃飽了，便將原本要用來淨手漱口的水，倒入舍利弗尊者的缽中，並說：「這就是我所要施捨給你的東西，你走吧！」沒想到舍利弗尊者竟一點也不生氣，反而慈悲的祝願道：「願您今日誠心的供養，使您百劫千生受無量福報。」說完，舍利弗便轉身離去。

婆羅門看著尊者漸行漸遠的身影，心當中竟不知怎的起了恐懼的念頭，他一邊踱步一邊想著：「倘若這沙門將我的舉動張揚出去，人們定會認為我是個毫無恭敬之心的吝嗇鬼。」婆羅門愈想愈不放心，於是決定派傭人去將舍利弗尊者追回來。

舍利弗尊者離去後，便直接回到精舍，他思忖著：「我該如何運用這缽水，使施主得到最大的利益呢？」

舍利弗尊者真不愧是佛陀弟子中智慧第一的行者，不一會兒，他便想出了一個再好不過的方法。舍利弗尊者蹲了下來，將缽中水倒入泥地中混合攪拌均勻，再將和好的泥取出，鋪設在佛陀平時所經行之處，並向佛陀說：「這位施主生性慳吝，只願意佈施些許的水，然而為了令他免墮三塗惡道，因此我將這缽水發揮最大的效用，將它和泥，覆蓋於您所經行的路上，伏願佛陀慈悲在這塊地上行走，使這位婆羅門永生永世得大福報。」佛陀聽了便慈憫的接受舍利弗的要求，入正定在泥地上步行。

這時，婆羅門所派遣的傭人看到了事情的經過，深受感動，立即返回婆羅門家中向婆羅門具陳其事，並說：「至高無上的佛陀本為一國王子，如今他捨棄了人人稱羨的轉輪聖王之位，率領弟子披緇修行、持缽乞食，這無非是為了讓眾生有修福報、增長善根的機會呀！實在不是為了自己的利益而做這些事。」

婆羅門聽了，對於原先自己的惡行惡念慚愧無比，於是他帶著全家大小一同到精舍向佛陀求哀悔過，希望佛陀能原諒自己的愚癡。佛陀便為他們傳授三皈依並說法，婆羅門當下化除了心中種種煩惱，得道證果。

知足心常樂

「要怎麼收穫，先怎麼栽。」想要有貴人相助，就必須勤修善法，利益他人，自能感得善緣俱足的果報。生生世世都能親近三寶、得遇善知識，引導自己趨向正道，走向光明。

鸚鵡王勸諫惡受王

從前在印度的迦屍國，國王名叫惡受，不行善道，百般虐待子民，做了許許多多的壞事，乃至遠從各地來的商人，所帶著的珍奇寶物都被他奪取，也不付報酬。此事被大家相互傳說著，以致惡名遠播。那時，樹林中有一隻鸚鵡王，聽到過路的人在談論國王的惡行，心想：「我雖是鳥，尚且知道這樣做是不對的，何況是一國之王，反而被譏笑怒罵，豈不是比禽獸還不如？我應當去見國王，勸國王改惡行善。」

於是鸚鵡王展翅高飛來到國王的花園，這時國王與夫人正在園裡遊玩。鸚鵡王發出聲音說道：「國王暴虐無道，所有的人和鳥獸，都憤怒難平。你們是人民的父母，怎能如此？」夫人聽了，嗔火大起，於是派人捕捉鸚鵡王。

夫人把捉到的鸚鵡王交給國王。國王問鸚鵡王：「你為什麼罵我？」

鸚鵡王回答：「我說國王做事不對，是想幫助國王，並不敢罵國王。」

國王問：「我做了什麼不對的事？」

鸚鵡王回答：「因為有七件事，會危害國王。」

國王問：「哪七件事？」

鸚鵡王答道：「一沉迷女色，不聽受忠言；二嗜好飲酒，不理國政；三貪愛下棋，不敬賢者；四打獵殺生，沒有慈心；五好出惡言，不說好話；六異常加重賦稅和罰金，違反常規；七無故奪取人民的財產。這七件事，將會危害國王。另外還有三件事，會敗壞國家：一是親近諂媚邪惡的人；二是不接近忠臣良將；三好征伐他國，不體恤百姓。這三件事不除，國家早晚將有傾敗的危難。」

鸚鵡王又道：「國王應如橋梁，濟度萬民；如天秤，對待親疏一律公平；如大道，不悖離聖賢的腳步；如太陽，普照世間；如月亮，帶給萬物清涼；如父母，關愛慈祥；如天空，覆蓋一切；如大地，滋養萬物；如明火，為百姓燒除惡患；如清水，潤澤四方；如轉輪聖王，以十善道，教化眾生。如此天下人民自會歸順敬仰。」

惡受王聽了如此至真至誠的話，深覺慚愧，說：「我為人王，所做無道，危害百姓傷及國家聲譽，願至誠懺悔前愆，遵從鸚鵡王的教導，修行正道。」於是國內良善風氣逐漸轉盛，全國上下都生起真誠崇敬之心，所有百姓無不歡喜。國王也因此洗刷了過去的惡名。

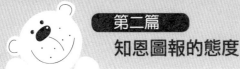

知足心常樂

典故中的國王因被五欲塵境所迷惑，而造作惡業；幸能得遇善知識的真誠勸諫，且惡受王也能虛心接受忠告，誠心改過，使國家百姓得以安樂。同樣的，我們在人生的旅途中，也要像國王一樣，願意誠心的接受善知識的勸諫，並且確實改正，人生自能愈趨光明。

修行須要有選擇正法的智能

佛陀在王舍城時，有許多出家修行的比丘。依佛陀教法修行的比丘，個個都能證得果位，或是升到天上，享受人天福報。但是，依從提婆達多教法而修行的人，卻因為邪知邪見、又不為善，最後都墮入地獄，受極大的痛苦。

佛說：「不僅是今日依我教法修行的人，都得到了大利益；依提婆達多教法修行的人，都受到苦報。其實，長久以來，一直是如此。

在過去世，有兩位商人，各帶領了五百位商人出外經商，這兩隊人同時來到一個曠野。這時，一個夜叉鬼化身成年輕人，穿著高貴的衣服、頭上戴著花，一邊走，手裡還一邊彈著琴。見到商人，就對他們說：『你們何必辛辛苦苦載這麼多的糧草和水？前面不遠的地方，就有清澈甘甜的水，更有肥美的草。你們何不跟著我走，我來帶路！』

其中一位帶隊的商人，聽信了年輕人的話，立刻放棄所有背負的水和糧草，跟著年輕人先走了。

另一位帶隊的商人則說：『我們現在並沒有真的看到水草，還是應該謹慎些，不能丟棄身上的糧草！』結果，丟棄水和糧草先走的這一隊商人，因為找不到水和糧草，全部渴死了。

另一隊商人，則順利到達了目的地。當時，不放棄水草的人，就是我；而放棄水草的，就是提婆達多。」

知足心常樂

凡事要謹慎、有善分別的智慧，才不會走錯路；修行更須要有選擇正法的智慧，有善知識的引導，道業才能成就。

向佛要錢的婆羅門

佛陀帶領眾比丘弟子，向善信居士大德乞食。一行人威儀嚴整，眾人無不投以欽仰讚賞的目光；然而才剛剛轉入一條小巷，情勢馬上有了戲劇性的變化——「此路不通！」一名其貌不揚的婆羅門伸出手指在沙地上畫出一道凹線，瞪大眼睛直視佛陀，說：「你交出五百兩金子，才能通過！」

佛陀一行人安靜的站立於巷口，在烈日下沒有人移動半步。這件意外的插曲驚動了瓶沙國王和波斯匿王，紛紛帶來奇寶珍玩，想替佛陀解圍。

「不要！我不收！」婆羅門非常固執，毫不妥協；沒有誰瞭解他究竟葫蘆裡賣些什麼藥。

終於須達長者聞訊趕來，帶著好幾車金子。「先生，請笑納，讓尊貴的佛陀通過好嗎？」須達長者小心翼翼的指著準備好的五百兩金子，賠著笑臉。

「如果是你的話，就姑且收下吧！」婆羅門點了點頭，接過金子，滿意的走了。

「怎麼會有這麼奇怪的事情？世尊，是什麼因緣造就今天這場劫難呢？」眾比丘鬆了口氣，一起向佛陀請教事件的始末。

佛陀笑了：「過去無量世以前，有一個國家，名叫波羅。波羅國的大臣有個兒子，賭輸了五百兩金子，仗著權勢而不肯償還。當時，剛好波羅國太子路過，見二人僵持不下，就對賭徒承諾：『假如大臣的兒子不償還賭債，我代替他還。』從此以後無量世中，賭徒常常向我索債。當時的太子就是我的前世；而大臣的兒子，就是須達長者；賭徒不是別人，正是擋路索金的婆羅門哪！所以，凡是負債的人，不可以不償還；否則縱使修行成佛，依然不脫此難！

知足心常樂

「假使百千劫，所作業不亡，因緣會遇時，果報還自受。」修行不離因果，如是因，如是果，一切果報皆自作自受，無人可替代。瞭解此理，更要在因地上戒慎，努力斷惡行善。

放下「我相」的執著

從前有一個人，家境貧窮，而且債臺高築，因無力償還，便逃到他鄉。在一個空曠無人的地方，路旁有一只寶篋，裡面裝滿了珍奇寶物，在寶物上覆蓋了一面鏡子。此時，一個窮人剛好路過這裡，看到四下無人，便撿起寶篋，打開一看，裡面盡是珍奇異寶。「這下發財了！」窮人心裡歡喜得不得了。

正在高興之際，突然發現鏡子裡有個人，不由得嚇了一大跳，急忙跟對方賠不是，說：「我以為寶篋是空的，應該什麼都沒有，不知道您在裡面，請不要誤會，我不是有意要拿您的東西。」話一說完，窮人也來不及弄清楚怎麼回事，就飛也似的逃跑了。原來窮人所見到的，不過是鏡中自己的身影。

知足心常樂

凡夫在煩惱的人生中得遇佛法，正如窮人得到寶篋。然而，如果放不下「我相」的執著，則所修的一切善法、功德、果報都不能成就，正如窮人因為自己的影子，捨寶而逃一樣。

薩波達國王捨身救鴿

很久很久以前有一個國王名叫薩波達。他心地善良，為人慈悲，經常濟困扶貧，行善積德。

帝釋知道這一情況後，十分擔心，感到自己的座位底下直發熱。因帝釋這地位，並非終身制，無論是誰，只要堅持修善積德，修行到一定的程度，死後便能轉生到天堂當帝釋。

帝釋害怕薩波達國王會來奪自己的帝位，就想試探一下薩波達國王，已修行到什麼程度，到底想幹什麼，便找來手下的一個侍從對他說：「下界的薩波達王正在修善積德，名氣很大，德行很深。他大概是想奪我的帝位！現在我變作老鷹，你變作鴿子，我追捕你，你就逃到薩波達王那兒，向他求救。他既然心腸仁慈，就一定會救你，然後我去向他索求鴿子。他既然答應救你，就不能把你交給我，也許會買點肉來做交換，但我堅決不答應，他就會割自己的肉，來抵鴿子的命。到時候我要點小法術，教他無論如何割肉，哪怕把全身的肉都割下來總抵不過鴿子的重量，那他一定會後悔。這樣，他以前行善積下的功德，就完全作廢了，也就奪不走我的帝位了。」

於是，帝釋變成一隻體態雄壯的蒼鷹，侍從變成一隻可愛的小鴿子。蒼鷹惡狠狠的撲向鴿子，鴿子便慌慌張張的一邊呼救，一邊向遠處逃去。

薩波達王正在王宮處理政事，突然聽到空中傳來呼救聲，抬頭看見一隻蒼鷹正在追逐一隻可憐的白鴿。

鴿子東躲西閃實在無路可逃，一頭撲到薩波達王腳下叫道：「大王！老鷹要吃我，請您救命！救命！」

薩波達王說：「你別害怕，我一定救你。」

蒼鷹隨後撲了過來立在宮殿前，對薩波達王說：「這隻鴿子，是我口中之食，現在逃到大王您這兒來了。請大王快把它還給我，我肚子餓極了。」

薩波達王說：「我曾發誓要救度一切眾生，更何況這隻鴿子向我求救，我已經答應牠了。人應當言而有信，我不能把這隻鴿子交給你。」

蒼鷹說：「大王！您說您要救度一切眾生，但我今天如吃不到這隻鴿子，就會餓死，難道我不是眾生之一嗎？難道您就眼睜睜的看著我餓死而不聞不問嗎？」

薩波達王說：「既然這樣那麼我再拿些肉給你，你就別吃這隻可憐的鴿子了。」

蒼鷹說：「那也行。但您拿來的必須是剛割下來的新鮮溫熱的肉，否則我不吃。」

蒼鷹這麼說，薩波達王心中暗感為難。他曾想隨便找點熟肉打發蒼鷹了事，但沒想到蒼鷹只吃剛割的新鮮肉。

薩波達王想：「到哪裡去找剛割下的新鮮肉呢？如果為此而宰殺其他動物，則我為了救一命，又害另一命，這樣的事情不能做。」想來想去，他決定從自己身上割一塊肉來餵蒼鷹。

主意打定，便慨然的對蒼鷹說：「既然你一定要吃剛割下的新鮮肉，那我就割一塊肉給你吧！」

蒼鷹見薩波達王中圈套了，心中暗暗發笑，卻一本正經的說：「大王！您能這樣做，足見您道德高尚。不過，既然您要普度眾生就應當平等的對待一切。我雖然只是一隻鳥，保證也不偏不倚。因此，只要您割下的肉，與剛才的那隻鴿子一樣重，那麼，我保證不再找那隻鴿子的麻煩。」

薩波達王說：「好吧！」便讓左右取來一具天平。

薩波達王把鴿子放在天平的一端，然後忍著劇痛，手持利刃從自己腿上，割下一塊大致相等的肉，放在天平的另一端。

由於帝釋搞了鬼，天平放鴿子的那一端，低低的向下沉著，而放肉的一端卻高高的翹著。

薩波達王見狀，連忙又割下一塊肉，但天平兩端仍不平衡。就這樣，他兩條腿上的肉全割完，鮮血淋漓，流了一地。然而，天平放肉的那一端，仍高高的翹著。薩波達王無可奈何，只得繼續割下自己的胸脯與手臂上的肉，一身可割的肉眼看就快割完了，天平還是不平衡。薩波達王急了，掙扎著使出全身僅有的一點力氣，一下子撲到天平上，昏厥了過去。

這時，天地震動，天神們紛紛下凡，為薩波達王的高尚行為而感動不已。

帝釋這時也恢復了原形，他喚醒薩波達王，問道：「你之所以作出這種一般人無法做到的善行到底是為了什麼？是想當轉輪聖王？還是想當帝釋？在這三界之中，究竟什麼是你所追求的呢？」

薩波達王用微弱而堅定的聲音說：「對這三界中的一切我一無所求，我只希望普度眾生。」

帝釋又問：「今天你為了一隻小鴿子割盡全身的肉，吃了這麼多苦，心裡覺得後悔嗎？」

薩波達王說：「我一點也不後悔。」

帝釋這才明白原來薩波達王不是要搶他的位子，但心中總有那麼一點不放心，又追問：「你所說的全是真話嗎？」

「當然全是真話。」

「有什麼證據可以證明你說的全是真話呢？」

薩波達王掙扎著站起來指著天地發誓說：「天在上、地在下，如果我剛才說了一句謊話，請懲罰我！如果我說的全是真話，請讓我的身體平復如故！」

說也奇怪，薩波達王的話音剛落，全身突然長出了新肉與沒割過之前一模一樣，甚至連個傷疤刀痕也沒留下。

天地諸神看到這種情形，個個合掌讚歎薩波達王的高尚品德，為他恢復健康而歡喜雀躍。

知足心常樂

真誠的對待生活，你就能夠得到生活真誠的回報。幸運總是青睞那些對別人懷有真摯的愛心的人。不熱衷於追求名利的人，常常有意外的收穫。

找到人生的真理

從前，有一個靠近南海的國家，名叫那梨，人民以採集珍珠及種栴植檀木為業。其中，有一對兄弟自父母雙亡後，就想要分家創業，而雙親所留下的除了財產外，還有一位名叫分那的僕人，他年少聰明，對於買賣貿易或入海尋寶等事無所不知。於是，兄弟倆將財產當成一份，僕人分那也劃為一份，並以擲籌的方式決定繼承的東西。結果，弟弟得到了僕人分那，卻失去了繼承財產的權利，只好帶著妻兒和分那，空手離家。

當時的環境非常艱困，人們都過著貧苦節儉的生活，對於只有分得僕人的弟弟來說，一想到家人未來的生計，不免擔憂起來。分那知道後，對主人說：「請主人不用擔心，我會想辦法讓大家的生活永保無虞，並且在不久的將來，讓你們的財富勝過你哥哥。」主人聽了雖半信半疑，但也別無他法，於是對分那說：「好吧！只要你能夠做到，我就恢復你自由之身。」說罷，弟弟便將妻子僅存的一些珠寶交由分那，作為生意的資本。

當時，正逢海水漲潮，城內的人們紛紛到海邊去撿拾木柴。分那也來到城外，眼尖的他，看到一位乞丐所扛的一大捆木柴中，有著非常珍貴難得、可以當藥治病的牛頭栴檀。於是他二話不說，就以兩枚金錢買下這塊珍木，並且將它剖成數十段。此時，聽說城裡正好有位長者生了重病，需要二兩的牛頭栴檀配在藥裡服用，才有痊癒的希望，但是大家都遍尋不到這種珍木，正在為此發愁。於是，分那馬上帶著一段牛頭栴檀來到長者家中，長者的家人喜出望外，馬上以兩千兩金換取分那手中的牛頭栴檀。

後來，分那又陸續將剩下的牛頭栴檀賣出，所得的財富比主人的哥哥還超過十倍之多。主人為了感謝分那的恩德，並且遵守當初的諾言，於是還他自由之身，隨他前往任何想去的地方。

分那離開主人後，一心向道，於是來到舍衛國拜見佛陀，請求出家。分那頂禮佛陀後，長跪佛前：「弟子雖然出身卑賤，但求道之心卻是堅定不移的，希望世尊能慈悲救度我！」佛陀聽了分那的祈求後，說道：「善來分那！鬚髮自墮，法衣著身。」分那示現比丘相，佛陀為他開示佛法的道理，分那一念相應，即證阿羅漢果。

分那心想，今日能證得六種神通，達到生死自在的羅漢果位，全要感謝主人給予自由，才有機會親近佛法，所以我應當去度化主人一家及該國的國人。於是分那回到那黎國的主人家，主人一見到分那，非常高興，馬上準備豐盛的菜肴款待他。分那食畢，將手洗淨後，便飛至空中，分身變現，身上出水，身下出火等種種神通，光明晃耀，從空中緩緩降下。

分那告訴主人：「今日我之所以有種種神德，都是因為主人賜我自由，所以我才有機會跟佛陀學道。」

主人聽了回答：「佛陀的智能、神通如此廣大！我願拜見佛陀，聽聞教法。」

分那聽了非常高興，告訴主人：「只要你發至誠懇切心，設齋供養佛陀，佛陀一定能感受到你的誠心，前來接受供養。」

於是，主人馬上準備供養佛陀的齋飯，並且向著舍衛國的方向稽首長跪，燒香祈請佛陀能夠屈駕至此度化眾生。佛陀知道他們的心意後，即帶領五百位證得羅漢果位的沙門，運用神足通抵達。那梨國的國王與國民見到如此殊勝的景象，莫不升起敬畏之心，紛紛來到佛前，頂禮佛陀。待用齋後，佛陀便為主人和國王百姓開示法要；大眾聞法後，也都歡喜受持五戒，成為佛弟子。

此時，主人懷著感恩之心，來到佛前讚歎分那：「分那從前在家時，就非常勤勞，出家證果後，也不忘救度我們。他的聖德高遠，讓全體國民都得以親近佛法，我們該如何報答他的恩德呢？」於是佛陀為大眾說了一首偈子：「心已休息，言行亦止，從正解脫，寂然歸滅。棄欲無著，缺三界障，望意已決，是謂上人。若聚若野，平地高岸，應真所過，莫不蒙度。彼樂空閒，眾人不能，快哉無望，無所欲求。」

主人和國王聽到佛陀的偈語後，更加法喜，於是又懇請佛陀留下接受供養七日，最後他們亦證得須陀洹果。

知足心常樂

任何事情的成就皆需眾緣和合，絕非一己之力所能完成，所以對每一個人，我們都應懷著知恩、感恩、報恩的心。所謂「成道方能將親度」，什麼是報恩的最好方式？唯有精進修行，進而帶領有緣大眾親近佛法、聽聞佛法，找到人生的真理，這才是最根本的報恩。

阿保乞食托空缽

佛世時，有一位婆羅門生了個兒子，取名阿保，父母請看相師為阿保看相，結果這孩子其貌不揚，無一相好，註定一生薄福潦倒。父母因此對無福的阿保毫不憐惜疼愛，但仍勉強將阿保撫養長大。到十二歲時，父母認為阿保可以獨自謀生，而將阿保逐出家門，可憐無依的阿保有家歸不得，流浪街頭，靠乞討為生。

一日，阿保行經祇洹精舍，釋迦牟尼佛因湣念阿保的遭遇，便請阿難尊者前去問阿保是否想出家？阿保非常歡喜的答應了。佛以手摸阿保的頭，阿保的鬚髮即自然落地，且袈裟著身，佛為他取法名為羅旬闍。

當時的僧眾每日皆分成五組出門托缽乞食，而羅旬逾所屬的組別每每托空缽而回，佛則請乞到食的比丘僧分食給羅旬逾等人，如此接連好一段時日。目犍連尊者心想：再這樣下去，不是辦法！比丘僧自食已不足，又得分食與他人，怎能有人托空缽而回？我如果和羅旬逾同行，一定能化緣到食物。佛知道目犍連尊者的想法後，便安排羅旬逾和目犍連尊者同組。

目犍連尊者和羅旬逾沿戶托缽，然而挨家挨戶都乞不到食，即使目犍連尊者以神通力飛經幾百億個國家，仍然托空缽。目犍連尊者心想：今天必定沒飯吃！此時羅旬逾極為饑餓，便留在恆河邊，目犍連尊者則回到祇洹精舍，佛陀即將缽中所剩的食物分給尊者，尊者面帶疑惑的問佛：「我現在非常饑餓，即使將整個須彌山吞下，恐怕還不能飽足，這少許的飯，怎麼夠吃呢？」佛告訴目犍連尊者，不必擔心不足，於是目犍連尊者便安心的食用，等目犍連尊者吃飽後，佛缽中的食物並無絲毫減少。

此時，目犍連尊者想到羅旬逾還沒吃飯，必定饑苦不堪，於是稟告佛，願將所剩的飯菜分給羅旬逾，佛說：「我並非吝惜這些飯菜，但由於羅旬逾宿世的因果使然，這不是他所應得的，如果你不相信，可以分食給他。」目犍連尊者便前往恆河邊，分食給羅旬逾，羅旬逾才接過手準備食用，一不小心，竟然將缽打翻，所有飯菜都散落恆河中，隨流而去。

羅旬逾因此返回精舍靜坐思維：「每當我與比丘僧同行托缽，都是空缽而回，目犍連尊者慈悲將佛吃剩的飯給我，自己卻不小心將缽打翻，實在是無福消受，這都是自己宿世的因緣果報所應當承受的。」羅旬逾如是一心專注思維，而盡除心中一切煩惱垢染，證得阿羅漢道，明白一切都是自己過去所造的惡業所感，因此羅旬逾吞下地上所抓起的一把泥土，便入了涅槃。

此時眾人都很想知道，是何等惡業令羅旬逾一生貧困不得食？但又以何因緣令羅旬逾能值遇佛世而證道果？佛陀即為大眾說明過去的因果。

在惟衛佛時，羅旬逾是個心懷慳貪、吝惜不捨的人。一次用餐前，他脫下衣服鋪地，唯恐飯粒掉落地上。此時有一沙門托缽前來化緣，慳吝的羅旬逾捨不得佈施，便以手捧一把土放入沙門缽中，此沙門仍慈悲為他祝願：「願你早得解脫。」羅旬逾因輕慢三寶的緣故，長久輪迴於六道生死中。

知足心常樂

羅旬逾尊者今生雖得道證果，仍免不了宿殃惡報。世人不明因果，認為造惡不受苦果，往往放縱自己的貪嗔癡、惡習，造作無量無邊的惡業。然而因果昭然，絲毫不假。

宋朝文學家蘇東坡讚歎三寶云：「滔滔苦海中，三寶為舟航；冥冥大夜中，三寶為燈塔；焰焰火宅中，三寶為雨澤。」佛、法、僧三寶能引領我們通往出世解脫的光明大道，因此恭敬三寶，獲福無量；相反的，若輕慢三寶，自己亦會損福招報，不可不慎。

佛法的智能與神通

清晨，佛陀率領著五百僧侶，由舍衛城緩緩的往摩羯國邁進，一路上莊嚴的隊伍，吸引了大批群眾前往頂禮供養。乞食畢，佛陀與五百比丘僧於摩羯國界邊緣的一片樹林下歇息用齋。

結齋後，佛陀上座為弟子們說明此次至摩羯國的因緣：「諸位知識，所謂『凡事必有因』，這回我們來到此地，主要是要使摩羯國人民修佈施供養之法，並將佛法的義理傳揚至鄰國——迦師那國。迦師那國因地處偏遠，缺乏教化，民風尚未開化，人民性情野蠻、不講道理，國內人人造惡，時常搏鬥爭執，剛烈兇暴，更是遠近皆知。」

「然而佛法講的是慈悲——無論再怎樣難以教導的人民都要度化；而且佛性人人本具，人人都能因聽聞佛法得到開悟、解脫。正法說的是平等，因此將我的教法傳入迦師那國是件理當為之的事。諸位知識，你們願意前去傳佈正法，化導迦師那國的人民嗎？」

佛陀說到這兒，眾弟子都充滿了信心，他們這樣想著：「我們已是斷盡三界見思惑的大阿羅漢，只要拿出從前除滅貪嗔癡的智慧與勇氣，相信沒有什麼是行不通、做不到的，相信一定能令迦師那國人信受佛法！」

此時神通第一的摩訶目犍連尊者站起身來，走向世尊座前，恭敬的長跪合掌：「偉大的佛陀，弟子願意前往迦師那國度化當地的人民。」

佛陀聽了，慈悲的點頭表示贊許。

於是目犍連尊者便向迦師那國走去，經過了一整天的奔波，終於到達目的地，然而當他踏入城門時不禁驚駭的停下了腳步，首先他看到一個婦人拿著菜刀一面揮舞，一面追著一個懷裡抱著一隻雞的男人，接著他又見著兩個血氣方剛的少年交拳相打，然後他又看見……，摩訶目犍連尊者忽然有種身陷地獄的感覺，幸好尊者修行功深，很快的他便將心安定下來，走向城內……

由於迦師那國是佛法尚未開化之地，因此國人普遍沒有見過僧眾，他們對於目犍連尊者的出現感到相當詫異，於是他們竟停下了爭執打鬥，注意起目犍連尊者來了。

「喂！你看那個人，怎麼剃著光頭又穿著這麼破舊的衣服呀！」「是呀！不知打哪來的漢子。」大夥兒你一言我一語的議論著。這時目犍連尊者在一棵無憂樹下坐了下來，一群迦師那國的民眾也因好奇而湊近，目犍連尊者開口了，他說道：「你們這樣剛愎粗野的行徑是愚癡的，你們若不改惡行，將來的果報必定是在三惡道中受苦，快止惡行善，廣結善緣吧！佛陀曾說……」

怎知目犍連尊者話還沒說完，群眾已怒氣衝衝的叫罵起來：「你是存心來教訓我們的嗎？你還不夠格，快滾！」從來不曾團結過的迦師那國人，此時卻一塊兒將目犍連尊者攆出城外，又「砰」的一聲迅速的將城門閉緊！目犍連尊者站在城門外愣了一會，才回過神來——原來自己被迦師那國人趕出來，「這是從來沒有過的事呀！我，目犍連向來是為人所尊崇的，為何今日卻受到這麼大的屈辱呢？」目犍連尊者一面不解的思索著，一面往回程走……

當目犍連走近佛陀與五百弟子歇息的樹林時，遠遠的便看到有位師兄弟在那兒向他躬身合掌，原來是智慧第一的舍利弗尊者。

「目犍連，怎麼這麼快就回來了？迦師那國的人們可和善？」

「唉！別說了，我被他們攆了出來！」

舍利弗尊者聽了便向目犍連尊者說：「目犍連尊者，你應當以『智慧』化導他們呀！」說完，舍利弗尊者便來到佛陀的跟前，向佛陀稟告自己的想法：「世尊，弟子有信心能以自己的智慧感化迦師那國人。請應允弟子前往迦師那國，讓佛法能在此弘揚！」這時佛陀也如之前一般，微笑的點頭表示同意，沒有多說什麼。

舍利弗尊者滿懷著信心朝迦師那國出發了！在途中，他不停的思索著自己該用什麼教法教化迦師那國人，最後他得到了答案——戒法。舍利弗尊者以為迦師那國人就是因為沒有規矩，所以才會胡作非為，一旦只要有了戒法的規範，他們定能自守本分、安居樂業。

然而，事情卻沒有舍利弗尊者想得那般順利。舍利弗才剛在畢鉢羅樹下開演戒法：「戒，就是戒毒，戒掉我們的貪嗔癡……」，一群原本站在後方聽講的迦師那國人立刻衝到他跟前大聲的怒罵：「別想束縛我們！」臨走前，這群人還朝舍利弗尊者的臉上吐了口水……，爾後乃至於頭陀第一的大迦葉尊者，以及其他五百位大阿羅漢一一前往度化，並皆不為該國人民所接受。

阿難擔心迦師那國人於是他便向佛陀說：「世尊，迦師那國人民性情粗糙、心口俱惡且不受善教，還對勸導他們改邪歸正的善知識惡言相向，侮辱一阿羅漢罪已難當，何況是以輕慢心對待五百大羅漢，他們所造的惡業可說是天地不容呀！慈悲的世尊，我們應該怎樣幫助迦師那國人，將他們導向正道呢？」

佛陀慈悲安詳的望著阿難，開口說道：「阿難，你所發的慈悲心是很好的，但是不用擔心。雖然迦師那國人看來似乎無藥可救，但我及諸大菩薩看待他們與看待五百比丘的態度是不二不異的，你們都同樣有著清淨無染的佛性！阿難，你不需煩憂，我已看到了這件事的始末因緣。」說完，佛陀立刻派遣諸大菩薩中智慧第一的文殊師利菩薩前往迦師那國度化當地的人民。

與五百羅漢所不同的是，文殊師利菩薩沒有一入迦師那國便急著宣揚聖教、傳佈正法，反而以讚歎法門為先，稱譽迦師那國的每一個人，文殊師利菩薩這樣說著：「賢者，你們的作為真令人感到歡欣喜悅。」接著，文殊菩薩來到王宮晉見國王，並在國王的面前讚歎每一個子民：「大王，住在東海漁村的若嘉工作勤奮，恭敬父母；在西城守門的連尼伽盡忠職守，不辭辛勞；國境北方的打鐵匠頗具膽慧，總能為人們平息爭執，消弭煩惱……，大王呀！必定是您的德政彰顯，使得人民如此純樸善良。」

由於文殊菩薩的話語是那般的令人歡喜，因此不過幾天這些軟言慰語，便傳遍了迦師那國的大街小巷，舉國人民皆歡騰不已，大夥兒不約而同的說道：「這位菩薩真是太了不起了，居然能那麼貼切的說出我的義舉，這麼精准的看出我的優點。」於是眾人便個個手持金寶香花、美食佳餚或錦緞綾羅，來到文殊師利菩薩的面前至誠供養。此刻迦師那國人皆發無上菩提心。

文殊師利菩薩觀見時機已成熟，於是便告訴前來供養的居士大德們：「你們供養我，不如供養我的師父——釋迦牟尼佛，佛陀是人天導師、四生慈父，具足福德、禪定、智能，若能誠心供養，其福報必倍於此。」

迦師那國人的善根已現前，聽了文殊師利菩薩的勸導生大喜悅，他們說道：「菩薩，人間竟有如此不可思議的福田，煩請菩薩帶領我們前去供養吧！」

於是文殊師利菩薩領著浩浩蕩蕩的隊伍，前往佛所，向佛陀恭敬頂禮供養。世尊便為他們闡演經法，迦師那國人應時得不退轉。此刻三千大千世界國土作大震動，一切世間山神、林神、藥草神皆開口贊言：「文殊師利菩薩真不愧是已登地的大菩薩，竟能善用權巧方便廣度眾生，真是令人激賞呀！」

諸大阿羅漢看到這樣的情景，慚愧不能自己：「世尊，菩薩的威德神力已如此廣大難測，更何況是佛陀您呢？自今以後我們誓以最虔敬之心向十方諸佛菩薩學習！」

知足心常樂

佛法中強調「人人皆有佛性」，只要一念覺悟，煩惱即菩提。且經云：「未成佛道，先結人緣」，凡修自利利他菩薩行的行者，必須本著慈悲喜捨之心行四攝法——佈施、愛語、利行、同事。其中，「愛語攝」即是先認同對方，給予適時的讚美與鼓勵，當建立良好的關係後，對方才容易接受勸導，認同佛法的道理，進而信受奉行，如此才能成就普度眾生的目的。

水牛王和無理的彌猴

久遠以前，有一隻與眾不同的水牛王，他有著莊重的姿態，稟性仁慈善良，富於同情心，品高德重，因此有很多水牛，都紛紛前來歸附。

一日，水牛王與他的眷屬來到一條河邊，在這地方有青翠的草可食用，並且地方寬廣，有足夠的空間能讓他們行走，因此便在此地安住下來。

河邊的另外一旁，住著一隻獼猴。這隻獼猴來到水牛住的地方，見到水牛王氣宇不凡，行止安詳，又有眾多眷屬，於是心懷嫉妒，對著水牛王破口大罵，並拿起地上的石頭朝著水牛王不停的丟，最後對水牛王說：「快點離開，這裡是我的範圍，你趕快帶著水牛們離開這裡。」

水牛王看到這情形，不但沒有以惡攻惡，心中也沒有起一點嗔心，態度依然安詳自在，默然受之而不加以報復。

過了沒多久，另一群牛也來到此處，獼猴看見了一樣辱罵，並一把抓起地上的小石頭，擲向牠們，這群牛看到了水牛王寬大為懷的表現，心中生起尊敬之心，並且效仿水牛王忍辱的精神，也不對獼猴起嗔恨之心，只是安靜的離去。

不遠處，有一隻脫隊的小牛，正趕著要追上群牛，他看到了這幕景象，因而當獼猴對他毀罵並也以石礫丟打時，雖然心中懷恨，很想對這隻獼猴報復，但是心裡想：「前面的大牛們，遇到獼猴態度如此惡劣，卻忍心不動，亦不加以傷害對方，我身為小牛，應該跟大牛學習他們的忍辱精神，不跟這隻惡獼猴一般見識。」於是小牛決定不理會獼猴，繼續趕路。

水牛王前行不久，經過一片樹林，一位遊居其中的樹神好奇的問水牛王：「我看到獼猴如此不講理，對你又罵又打，依你的力量，對付牠一定沒有問題，而你為什麼不還手，給牠一點教訓，反而默然不應呢？」

水牛王回答：「世間上所有事情皆有因果，獼猴對我謾罵，同樣也會對其他動物作出這樣的行為，等到惡因緣現前，牠的惡報就會現前，看到牠不識因果，而不斷造惡，對牠起慈悲心都恐有不及，怎麼忍心再加害於牠？況且若我真的動手，依我力量如此大，一下子就將牠致命，那自己將來也會遭受惡報，所以忍辱才是對自己生命的最大保障。」

這隻水牛王即是釋迦牟尼佛修菩薩行時之化現。由於釋迦牟尼佛在因地中常行忍辱、修慈悲喜捨四無量心，最終能圓滿佛果。

知足心常樂

忍辱能熄滅心中嗔火，產生定力和智慧，況且他人看到自己能忍的德行，亦即在潛移默化中帶給大眾正面的影響，無形當中就是在行菩薩道，不僅自利，又能利他。

阿難的總持因緣

一天，佛陀在舍衛國祇樹給孤獨園，比丘們興起這樣的疑問：「賢者阿難過去生是修持何種德行，今世得以有如此殊勝果報，能將佛陀所宣說的微妙教法，全部憶持不忘，一字也不漏失？」

於是眾比丘便前往佛陀的住所，請求世尊開示。慈悲的佛陀於是將阿難尊者過去生的因緣果報娓娓道來。

無數劫前，有位比丘和一沙彌住在一起修行。師父愛徒心切，要求非常嚴格，除了須托缽外，每天還規定弟子精進用功，背誦經典。

這位沙彌原本就很喜歡誦經，只是苦於飲食等資具不足，需要外出托缽。托缽若是順利，便有充足的時間用功，若是不順利，回寺時間晚了，便會耽誤功課而見責於師父。

一天，沙彌托缽時間結束得晚，想到今日又無法完成師父所規定的功課，回去必定會被師父呵責一番，於是心裡愈想愈愁苦，不禁落下淚來。這時恰逢一位長者經過，見到這位沙彌邊走邊哭，就上前關心的詢問。

沙彌回答：「長者，您有所不知，我師父非常關心我的道業，所以規定我要每天誦經。如果誦經足數，師父便很歡喜，如果沒有完成功課，便會加以責備。不過，因為我每天還要外出托缽，所以誦經時間的多寡，就看托缽順不順利。今日我托缽結束得晚，想到回去無法完成功課，必定會惹師父生氣，所以才忍不住難過掉淚。」

長者聽了之後，關切的告訴沙彌：「請你不要再難過了，以後就請你天天到我家來接受我的供養，我很喜歡能供養你的飲食，讓你能專心誦經用功。」

從此以後，沙彌在長者的供養下，每天都能專心誦學，師父規定的功課再多，也都能如期完成。

佛陀告訴大眾：「故事中的那位比丘，即是定光佛，沙彌即是我，供養飲食的長者就是阿難。阿難由於過去生誠心勸持修行人用功辯道，修了大福報，所以今生才能聽聞法音一字不失，獨得如此殊勝的果報。」諸比丘聽佛宣說阿難的總持因緣，都生大歡喜心，信受奉行。

菩薩行者在護持他人修行中，不僅開闊自己格局，超越自我限制，無形中也成就了菩薩道業。

知足心常樂

儒家云：「君子有成人之美」，因為有成就他人的心量，同時也成就了自己令人敬仰的君子風範。故事中，長者因一念真誠護持沙彌用功，也成就將來聽聞法音一字不失的殊勝功德。俗諺：「量大福就大」，護持他人不計自己得失，這樣的心量就是大。在這廣大的心海中，智能如日，日光普照能孕育無限生機。無限生機利益了眾生，也利益了自己！

至誠供養三寶，必能增長福德

從前有一位商人，很善於做生意，幾年下來，已經賺進了大量金銀財寶。然而，財產愈來愈多，也帶給他愈來愈多的煩惱。為了保管財寶的問題，商人每日苦思煩惱不已：假如財寶埋在地底下，擔心會被老鼠搬走；選擇藏在水澤草叢中，又擔心被狐狸野獸帶走；如果交由兄弟、妻子保管，又害怕不知不覺中被侵佔一空。這人左思右想，都想不出好方法，於是，他只好天天親自攜帶笨重的財寶，日夜保管，片刻不離，生怕一不小心遺失。

經過一段時間，這位商人發現，鄰近信奉佛教的人們，經常前往佛寺燒香供花，而且回來之後都十分歡喜。忍不住好奇心的驅使，他尾隨著其中一名佛弟子來到佛塔。佛塔前面，有一個缽，信眾在合掌繞塔之後，都一一將身上的金銀財物恭敬的投入缽中。

商人感到疑惑，便請教一旁的法師：「為什麼大家都將財寶投入這個大缽裡呢？」法師回答：「這是『佈施』，別稱叫『牢固藏』，也就是『永不腐朽』！」商人一聽，心想過去自己為了守著大批的財寶而終日憂心忡忡，但人終究無法避免死亡，再多的財富也不能恆久擁有。如果能將這些財寶佈施供養三寶，利益大眾，方能令這些財富生生不息。「這就是我尋覓已久的藏寶處啊！」商人歡喜的說著，並且立刻將身上的錢財投入缽中。

法師隨即為商人祝願，並開示說：「佈施的功德，洪水巨浪不能淹沒，熊熊大火不能燒毀，盜賊冤家無法侵害，時光歲月也無法腐蝕。施主生生世世，將會獲得勝過現在千萬倍以上的福報，法喜安樂。」商人一聽完法師慈悲開示，所有煩惱疑惑都頓時消除，信受佛法，心開意解，當下證得初果羅漢！

知足心常樂

《眾經撰雜譬喻》云：「志心作福，功不唐捐，自致得道。」發出敬信心、歡喜心、清淨心，至誠供養三寶，必能增長福德，廣結殊勝法緣，最終獲得出世解脫的果報。

珍惜機會廣結善緣

佛陀時代，在舍衛國有五百位商人，為即將展開的航行尋寶計畫，慎重而熱切的商議著：「大海！變幻莫測，雖藏有眾寶，但卻也蘊含無限危機！」「是啊！若沒有瞭解海性的人相助、指導，此行如何圓滿順利達成任務呢？」「大眾！我認識一位受持五戒的居士，福慧兼備，又瞭解海性，不如就請這位賢者來擔任指導，各位意下如何？」在眾商人此起彼落的贊成聲中，事情就這樣議定了。

船身破浪而行，自無量水族上方經過。海神在水族們簇擁下，前來觀察聲勢浩大的商隊，唯有通過海神的試練，才有尋寶的資格。剎那間船身突然不動了。海神化作龐大、醜惡、青面獠牙、火燃於頂的巨大夜叉，聳立於狂濤之間，擋住航路。他恐怖的面孔冷冷的拋下陰森的字句：「世界上有比我還恐怖的嗎？」

賢者平靜的回答：「有。比你恐怖好幾倍。」

海神化身的夜叉幽幽的問：「喔！誰？」

賢者以堅定的態度回答道：「世界上，有一類愚癡眾生，無惡不造：殺、盜、淫、妄、撥弄是非、惡言粗語、言不及義、貪婪縱欲、嗔恨暴力……固執的相信種種偏差、邪惡、錯誤的觀念見解，不改不悔。這種人死後直墮地獄，受無量無邊的痛苦：

刀斫車裂、刀山劍樹、火車鑊湯、寒冰沸屎……千萬年月受此苦報。這類眾生，比你恐怖何止百倍？」夜叉聞言，默默的鬆開雙臂，把船放了，隱沒於浪濤間。

逃過一劫的眾商人，鬆了一口氣，又繼續驚險的航行；不料才行幾哩海路，船身又不動了。海神又化成乾癟消瘦，不成人形的怪物，只隔著薄皮、血脈筋骨呼之欲出般的身體，橫在船邊，空洞無力的聲音輕輕飄來：「世界上有比我更瘦的人嗎？」

賢者望著對方說：「有。比你瘦弱好幾倍。世間上有一類愚癡眾生，存心惡劣，吝嗇、貪婪、嫉妒、捨不得佈施與人分享。這種人死後馬上投生為餓鬼，身如山、咽如針、髮亂膚黑、瘦弱乾消……千萬年月受此苦報，不聞不見飲食穀物，這類眾生比你瘦弱上千倍！」海神化身的怪物聽完這一席話，無言的放了船，消失了。

好不容易迂回前行數哩，船身再度於汪洋中靜止。大眾定睛一看，這次不是驚世駭俗的妖怪，卻是一名巧笑倩兮的絕世美人。她倚著船身，用珠玉般甜潤的嗓音發問：「世界上有沒像我一樣美麗的人呢？」

賢者莊重的回答：「有。比你美上千萬倍。」

海神反問：「是誰？」

賢者答道：「有智能的人，身口意三業清淨，廣行善法，信敬佛法僧三寶，並

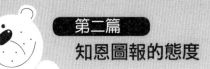

時常發心供養。這種人往生立刻化生天上，身形容貌清潔光明，端正莊嚴天下無雙，比你莊嚴何止千萬倍？和殊妙的天女相比，你簡直像是瞎眼的獼猴！」海神聞言，頃刻回復成海神的面目。

威嚴攝人的海神，以掌掬海水，正色再問賢者：「是我掌中海水多？還是整片汪洋海水多？」

賢者回答：「掌中水多。」

海神一愣，遲疑片刻又問：「此話當真？」

賢者慎重的說：「這是真實不虛的諦理。世界劫盡時，出現兩個太陽，泉池乾涸；繼而出現三個太陽，小河枯竭；當四個太陽並出時，大江乾焦；至五個太陽同現，大海亦開始消損；然後六日聚出，海水只餘三分之一；最後七日當空，海水枯盡、須彌山崩倒，遍地燃火。如果有人能以敬信之心，用一掬水，供佛、供僧，或孝養父母、周濟貧窮、施與禽獸，如此功德，將歷劫享用不盡！所以這一掬之水，豈不是比海水多？」

海神聽聞以有限、有盡的水，轉化成功德法水的妙法，歡喜不已，主動獻上稀世珍寶，饋贈賢者，並叮嚀、囑託上好妙寶轉供佛陀及僧團。

隨後賢者與五百商人在採足寶物後歸還舍衛國，並一起到祇樹給孤獨園禮拜佛陀，長跪恭敬的供養各人所得及海神供養的各類珍寶。之後，賢者與五百商人長跪合掌懇求佛陀慈悲，願剃髮做佛弟子，稟受如來清淨教法！佛陀應允，並說：「善來比丘，鬚髮自落，法衣在身！」佛陀語音方落，眾人已應言個個現端正清淨僧相。佛陀再應機說法、慈悲開示，這群福德因緣俱足的比丘們，立刻開悟，漏盡煩惱，證得阿羅漢果。

知足心常樂

世間上最莊嚴、最善良可親的人，莫過於心懷智能，三業清淨，敬信因果，處處能為人著想，廣行善道之人。所以，要培養出光明的人生和成為最受歡迎的人，就要先清淨我們的念心。更進一步，要懂得把握因緣、珍惜機會廣結善緣，並化有形有相的財富為善法資糧、功德法財，深信人人本具自性心寶，才是真正的富貴、有意義的人生。

神奇的馬麥

在毗蘭若村中，有位婆羅門，聽說供養佛陀可得大福報，遂於夏安居時啟請佛陀帶領五百比丘入村居住，於三個月中接受他的四事供養。然而，在佛陀一行人到達之後，婆羅門卻又反悔食言，不僅拒絕供養大眾師，甚至避不見面。佛陀等人只好露宿野外，僅能以牧馬人預備用來飼馬的馬麥度日。

這天中午，佛陀與比丘們正用缽裝著馬麥進食，和平時一樣，佛陀泰然自若的吃著馬麥。只見阿難神色凝重，不發一語，靜靜的注視著佛陀。看到阿難的愁容，佛陀停下了動作。

阿難終於開口：「世尊！您貴為王族，又是眾人敬仰的佛陀，現在卻必須以馬麥為食，這……」阿難感到非常不捨，心中苦惱極了。佛陀明白阿難此刻的心情，於是從自己的缽中拾起一顆麥子，放到阿難的手上：「來，嘗嘗看！」

阿難依言將馬麥放入口中咀嚼，頓時之間，阿難臉上的陰霾一掃而空：「太不可思議了！世尊，我身為王子，生於王家，卻從來沒嘗過如此美味的食物，實在是稀有難得！」自從吃了這顆神奇的馬麥，在七天七夜中，阿難神清氣爽，一點也不想吃世間種種美味飲食，也不覺得饑餓或口渴。

藉由這個機會，佛陀向眾比丘開示這段馬麥因緣：「在這三個月當中，大眾以馬麥為食，並不是業障使然，而是為了教化眾生的方便。事實上，如來三十二相中有『上味相』，不論是什麼食物，進到口中皆為上妙美味。而且，我也早知婆羅門會反悔，但是為什麼依然應邀前來，實在是為了善巧示現業報因緣！」

「我們所吃的馬麥，原是馬場中五百匹馬的食糧。這五百匹馬，在過去的生活中，原已發心行菩薩道，並且經常供養三寶；後來因為受惡知識的影響，造作種種惡業，而墮為馬身。

馬群中為首的大馬，名叫日藏，是菩薩的示現，他過去生曾勸這五百匹小馬發菩提心，現在又為了度五百小馬而受生馬形，由於菩薩的威德力，五百小馬憶知自己的宿世因緣。

今日，為滔念這五百小馬，令他們早日脫離馬形，故明知婆羅門會後悔，仍舊依約前來，使日藏菩薩帶領的這五百小馬有機會懺悔前愆，將他們一半的糧食供養大眾比丘。」

聽聞佛陀的開示，這五百位食用粗馬麥的比丘，當下離欲寂靜，證得四果羅漢之果位。三個月後，五百小馬命終升天，成為天子，帶著天上的上妙美食前來供養佛陀。佛陀為其開示法要，使其發菩提心，來世將證得辟支佛果。而日藏菩薩來世作佛，號為善調如來。

知足心常樂

大心菩薩示現六道度化眾生，悲願法味終圓佛道。大覺慈尊上味絕倫，度化三乘，無有窮盡。而如何嘗出因緣果報和菩提涅盤的滋味，隨心而異，如月印千江。生活的一聲一香、一味一色，發心、用心、明心、悟心，無不是菩提資糧。

從根源解決問題

在舍衛國的祇樹給孤獨園中，有一株枝葉蒼翠、茂密的壯碩大樹。它有著寬廣的樹蔭，枝幹搖曳生姿，來園中遊憩的人們都喜歡在這棵大樹下休息或乘涼。

但奇怪的事情發生了，凡是在這棵樹下停留過的人們，不是頭痛得厲害，就是腰痛難耐。

起初，大家以為只是偶發的事件，直到有一次，一群人在樹下欣賞美景的時候，竟然一個一個的倒地不起，看守園林的園丁不由得心生懷疑：「莫非這是棵有毒的樹？」

園丁怕驚嚇到附近的人，打算悄悄的砍掉樹幹。他用一根木棍綁上斧頭，自己站得遠遠的砍伐。可是隔了不久，這棵樹就又生出新枝綠葉，不但樹葉比先前更為嫩綠，枝幹也愈加的盎然、堅實，在園林之中，已沒有一棵樹比它更挺拔、壯麗的了。所以來園林的遊客，有些人看到告示，會遠遠的欣賞樹影搖曳生姿的美；但是，有些遊客卻經不起它雄偉壯麗與搖曳多姿的誘惑，完全不理會任何的警告，恣意的在毒樹下乘涼、嬉戲，結果——他們都像先前那些人一樣的感到身體不適，乃至喪命！

看守園林的園丁更加確信，這是棵害人的毒樹，他決心要除去這棵樹。無奈他經年累月一段一段的砍，不停的砍，樹仍然不斷的抽芽、生枝，不斷的展現出各樣的勝妙樹形。當然，也陸續有人因為貪樂樹蔭而遭逢危難。

園丁相當的焦急，心想：「怎麼辦？怎麼辦？該如何才能除掉這棵害人的毒樹啊？」他一籌莫展，只要一有空就不停的揮動斧頭——砍！砍！砍！希望不要再有人受到毒害。

某一天，走來了一位智者，說道：「當盡其根。」

智者的一句話，總算讓園丁恍然大悟：原來，自己一直在枝枝葉葉上努力，忙的都只是枝末之事，難怪會徒勞無功，應該從根本下手，去掉毒樹的根，它就沒辦法再生枝長葉了！

知足心常樂

當我們看到園丁要根除毒樹，卻始終只在枝末上忙碌，一看便知這是不可能的事。但是，在生活當中，我們經常就是這位園丁。每當遇到事情，總是在枝末上爭對錯。

當面對種種的五欲塵境時，總是以求到了為樂，而不知要從根源解決。這根源就是我們的攀緣心、分別心，若不知止息攀緣、分別的妄心，這苦只會不斷的在我們身上輪迴，無有歇息之時。唯有少欲知足、心量廣大，妄心不起，才能安祥自在。所以古德云：「境緣無好醜，好醜起於心。心若不強名，妄情從何起。妄情既不起，真心任遍知。」在面對種種順逆境界時，若能常作這樣的思維，久而久之，自能不生苦惱，煩惱根源盡除。

不為自己求安樂

清初時，在極負盛名的浙江天童寺裡，有位遠從四川來求法的破山海明，他聰穎博學，一目十行；不但精通教理，更是才思敏捷、辯才無礙。很快的，短短幾年的時間就學法有成，並且發願回川講經說法，將清涼的法語甘露，潤澤西南偏僻地方的鄉親。

這一天，破山背起隨身的行囊，來到方丈室，準備向方丈和尚告假拜別。但是，方丈室的房門卻緊閉著。於是，破山就在偌大的天童寺裡前探後找。

「鏗鏗！鏘鏘！」破山終於找到正在庭院裡的密雲圓悟禪師，他正一鏟一鏟的挖土掘樹。看著師父的背影，多年來師父的教化之恩，此時全湧上心頭。破山感恩的向著師父的背影一股腦的禮拜，告假的話一個字也說不出來。

密雲禪師轉過身來，拎著兩株桂樹苗走到破山面前，將兩株桂樹苗牢靠的綁在破山的背上，說：「你背著它們，白天趕路，晚上休息。不論是陰晴雨雪，都不要因此而在中途落腳停歇，直到桂樹落地生根，那兒就是你將來弘化一方、法緣興盛之處了！」

破山向師父頂禮告假後就一路西行而去。師父的叮嚀，破山牢記在心，晚上休息，白天趕路。越向西走越是遍地荒煙蔓草，破山無視身上的汗水、雨水、露霧、風沙，懷著利樂眾生的宏願，披星戴月，無畏的、堅忍的向前邁進。

就這樣曉行夜宿，兼程趕路。一天傍晚，來到梁平金帶鎮郊外的一處土地公廟前，破山卸下行囊，準備在此過夜。夜半時分，忽然有萬道燦爛霞光劃破漆黑的夜空，穿過樹梢，熟睡中的破山也被這樣的光亮照醒。

破山目不轉睛的注視著眼前莊嚴的祥光！忽然想起師父的話，想起天天背著的桂樹。桂樹呢？急忙起身尋找桂樹，卻發現桂樹苗已經生出根鬚，緊緊抓著泥土，像是找到了自己的歸宿。

此時破山的歡喜早已取代了趕路的疲累。信心更加堅定的破山，在此開山建寺，並將寺院取名為雙桂堂。一生度化一百多人出家，成就了許多法門龍象。戰亂後，又發願在川、滇、貴西南各省，重建殘壁斷垣的佛寺，安僧辦道，重振道場弘法利生的志業，雙桂堂也因此被尊稱為「雲貴川叢林祖庭」。

「十年樹木，百年樹人」。每一座梵剎佛寺興建的背後，都含藏了祖師們為度眾生，無盡的悲心弘願。「只為眾生得離苦，不為自己求安樂」，忍饑忍謗、忍勞忍苦，一次又一次、一代又一代，將佛法光明持續照亮於生死苦海，為人天暗夜做無盡接引。

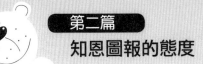

知足心常樂

所以說，生活中的人更應將感恩之心化為實行，實踐佛法、護持正法，讓佛法續傳法脈，綿延繁興。

織匠為何如此勇敢

從前有個國家物產非常豐饒，而為他國覬覦，面臨戰爭的威脅。所以國王大舉徵兵，動員國內十五歲至六十歲的男子參戰。

有位年近六十的紡織匠也在徵召之列。他的妻子相貌莊嚴，卻對丈夫輕慢無禮。依國家規定，出征者必須自備兵器與盛裝糧食的容器，而紡織匠的妻子竟然只為丈夫準備了盛裝糧食的五升器和一把一尺長的織杼木，並且告訴他：「家裡沒有其他東西了，就拿這個去打仗吧！你若把這兩樣東西弄壞或弄丟，我就不再和你一起生活了。」紡織匠出發後，心裡想著：「作戰時受傷並不可怕，打敗仗時也頂多撤退就好，但若失去這兩樣東西，就會失去我的妻子呀！」

抵達前線，面臨聲勢浩大的敵軍，大部分的人都因為害怕，不戰而退，而紡織匠一心想著妻子所交代的話，始終把織杼木頂在頭上，不知不覺中還朝著敵軍走去。敵軍看到紡織匠的行徑，被他「勇猛」的氣勢所震懾，反而向後退怯。就在此時，國內軍隊趁機重新整合，大眾齊心進攻，大獲全勝。

凱旋歸國後，國王論功行賞，大家都推舉紡織匠的功勞最大。國王詢問紡織匠：「兩軍交戰時，為何你能奮勇直前而不畏懼？」紡織匠回答：「我並非武士，只是出征前妻子給予兩件東西，要我妥善保護不可毀損，否則將棄我而去。所以我拼了命也要保護這兩件東西，實在不是因為我勇猛過人。」

國王告訴大臣們：「雖然此人的本意是怕失去妻子，但還是幫助國家取得了勝利，應該給予重賞。」於是國王不但賜予他官位，還賞給他許多金銀財寶、田地舍宅。後代子孫亦因此而世世富貴。

此則故事中婦人交與丈夫的五升器及織杼木，譬喻如佛以五戒與十善傳授弟子，佛弟子若能一如織匠護守己物之心，護守五戒、十善而不毀失，乃可與佛同居清淨國土。

知足心常樂

五戒十善是人天乘之福因。故事中的織匠能退卻敵軍而得封賞，嚴持五戒、進修十善之人亦可以消弭煩惱業障，後世得享天福。戒為無上菩提本，是邁向解脫自在的法門，若佛弟子能像織匠以生命守護，持守戒律，精誠專一，最後必能成就佛道。

祇樹給孤獨園

祇樹給孤獨園是佛陀行腳弘化當中一個重要的道場，它的由來也有一段殊勝的因緣。

波斯匿王統治的舍衛國，在城外幾里的地方，有座奇花異樹、林木蔥鬱的美麗林園，是太子祇陀私人所擁有，也是太子最流連忘返的地方。有一天，經常救濟孤苦無依、貧窮困苦的舍衛國首富，給孤獨長者來見祇陀太子。

「祇陀太子，我是您父王的大臣，名叫須達。因為不久之前，我到王舍城去看望好友首羅長者，因此遇見了莊嚴又安詳的佛陀。非常幸運的是我聽到了佛陀的開示，佛陀所說的道理是人間無上的智能，我聽了以後，感受到人生充滿光明與希望。為了讓我國的百姓也能有機會聽到這麼難得的真理，所以，當時我就懇切的邀請佛陀來到我國，慈悲的佛陀已經應允。現在，我希望能在這美好的祇園中興建精舍，請佛陀在此宣說無上的妙法；因為我在國內已經找尋很久，只有太子您這座園林最為理想。所以，為了我國的百姓能夠得到心靈的利益，懇請太子將這座園林賣給我，無論多少錢，都隨您的意思。

須達長者向太子說明來意。可是，這是太子最鍾愛的地方，太子怎麼會捨得呢？

於是太子回答：「長者！這麼美妙的林園，它的價值是極高的，除非你能用黃金鋪滿這整個林園的代價，否則我是不會出讓的。」太子心想，這個林園這麼大，那要非常非常多的黃金才能鋪滿，孤獨長者聽了應該會打消原意吧！

但是，出乎意外的，過了不久，一列壯觀的大象隊伍滿載著黃金來到祇園，隨即開始以黃金鋪滿園林的地面。因為，在須達長者的心中，任何有形的財寶都無法與佛陀所說的真理相比擬，財寶畢竟無法永遠相隨，甚至會失去；而佛陀的教化，不僅能讓國人解脫煩惱，更能提升國人的智慧，現世可以令國泰民安，智慧更是生生世世所相隨的。

太子看見須達長者是這樣的真誠，心想，這位佛陀一定是非同凡響的了不起的大威德聖者，才能感動須達不惜以黃金佈的這麼誠心的供養。而且，須達這樣的供養，全然是為百姓的利益著想，更是令人感動，就對須達長者說：

「長者，您一心繫念大眾的廣大心量，讓我慚愧，比起您來，我應該更有責任照顧人民才對。好吧！這座園林就賣給您了，但是園中的所有樹木不賣，並不是我要留著，而是我也要為這件事貢獻我的心意，這些樹就作為我對佛陀的供養好嗎？」

於是就這樣，太子供養祇園的樹、給孤獨長者供養園林，並且在園林建設了莊嚴的祇園精舍，這就是「祇樹給孤獨園」的由來。

見到佛陀的太子，真正發起了無上恭敬護持的心，並且發願：「願祇園內的樹，生生不息，遮蔭眾生，助佛弘化，廣度有情，若遭災變，願樹重生，世世供養一切覺者，護持道場永不退轉。」

太子深切的大願，果然感召龍天的護持；祇園千百年來，雖曾遭遇多次火焚與摧毀，但卻不斷的抽芽、重生，為後世留下佛法流傳的歷史見證。

知足心常樂

《過去現在因果經》言：「於諸福田中，佛福田為最；若欲求大果，當供佛福田。」祇陀太子與給孤獨長者，因為發心供養佛陀弘法用的精舍，令「祇樹給孤獨園」的聖名得以流芳萬世；而佛法因正法道場的落成，更得以落地生根、流傳弘揚。不僅利益當時的眾生，更庇蔭後世，為末法眾生種下出世得度的因緣。

助人是快樂的，而佈施最大的意義，便是放下內心的慳貪與執著，換來心靈更廣大的安樂與光明，這樣的滿足與法喜是擁有再多的房屋舍宅都比不上的。

聰明心 9

生活不能人人滿意，事能知足心常樂！

編著　葉楓
出版者　大拓文化事業有限公司
執行編輯　林秀如
封面設計　林鈺恆
內文排版　姚恩涵

總經銷　永續圖書有限公司
劃撥帳號　18669219
地址　22103 新北市汐止區大同路三段一九十四號九樓之一
TEL　(〇二)八六四七—三六六三
FAX　(〇二)八六四七—三六六〇
E-mail　yungjiuh@ms45.hinet.net
網址　www.foreverbooks.com.tw

CVS代理　美璟文化有限公司
TEL　(〇二)二七二三—九九六八
FAX　(〇二)二七二三—九六六八

法律顧問　方圓法律事務所　涂成樞律師

出版日◇二〇一九年九月

Printed in Taiwan, 2019 All Rights Reserved
版權所有，任何形式之翻印，均屬侵權行為

大拓 Talent Tool　永續圖書線上購物網 www.foreverbooks.com.tw

國家圖書館出版品預行編目資料

生活不能人人滿意，事能知足心常樂！ / 葉楓編著.
-- 初版. -- 新北市 : 大拓文化, 民108.09
面；　公分. -- (聰明心；9)
ISBN 978-986-411-103-9(平裝)
1.佛教修持 2.人生哲學
225.87　　　108012044

TALENT TOOL
大大的享受拓展視野的好選擇
大拓 Talent Tool
永續圖書線上購物網
www.foreverbooks.com.tw

謝謝您購買 **生活不能人人滿意，事能知足心常樂！** 這本書！

即日起，詳細填寫本卡各欄，對折免貼郵票寄回，我們每月將抽出一百名回函讀者寄出精美禮物，並享有生日當月購書優惠！

想知道更多更即時的消息，歡迎加入"永續圖書粉絲團"

您也可以利用以下傳真或是掃描圖檔寄回本公司信箱，謝謝。

傳真電話：（02）8647-3660　　信箱：yungjiuh@ms45.hinet.net

☺ 姓名：　□男　□女　□單身　□已婚

☺ 生日：　□非會員　□已是會員

☺ E-Mail：　電話：（　）

☺ 地址：

☺ 學歷：□高中及以下　□專科或大學　□研究所以上　□其他

☺ 職業：□學生　□資訊　□製造　□行銷　□服務　□金融

□傳播　□公教　□軍警　□自由　□家管　□其他

☺ 您購買此書的原因：□書名　□作者　□內容　□封面　□其他

☺ 您購買此書地點：　金額：

☺ 建議改進：□內容　□封面　□版面設計　□其他

您的建議：

廣 告 回 信
基隆郵局登記證
基隆廣字第57號

新北市汐止區大同路三段一九四號九樓之一

大拓文化事業有限公司收

請沿此虛線對折免貼郵票，以膠帶黏貼後寄回，謝謝！

想知道大拓文化的文字有何種魔力嗎？

- 請至鄰近各大書店洽詢選購。
- 永續圖書網，24小時訂購服務
  www.foreverbooks.com.tw
  免費加入會員，享有優惠折扣
- 郵政劃撥訂購：
  服務專線：(02)8647-3663
  郵政劃撥帳號：18669219